Um olhar além das fronteiras
Educação e relações raciais

Coleção Cultura Negra e Identidades

Nilma Lino Gomes
(Organizadora)

Um olhar além das fronteiras
Educação e relações raciais

1ª edição
1ª reimpressão

autêntica

Copyright © 2007 Os autores

COORDENADORA DA COLEÇÃO
Nilma Lino Gomes

CONSELHO EDITORIAL
Marta Araújo – Universidade de Coimbra; Petronilha Beatriz Gonçalves e Silva – UFSCAR; Renato Emerson dos Santos – UERJ; Maria Nazareth Soares Fonseca – PUC Minas; Kabengele Munanga – USP.

PROJETO GRÁFICO DA CAPA
Patrícia De Michelis

EDITORAÇÃO ELETRÔNICA
Conrado Esteves

REVISORA
Márcia Sobral

A Editora manteve a ortografia vigente nos países de origem dos autores.

Todos os direitos reservados pela Autêntica Editora. Nenhuma parte desta publicação poderá ser reproduzida, seja por meios mecânicos, eletrônicos, seja via cópia xerográfica, sem a autorização prévia da Editora.

AUTÊNTICA EDITORA LTDA.
Rua Aimorés, 981, 8° andar. Funcionários
30140-071. Belo Horizonte. MG
Tel.: (55 31) 3222 6819
Televendas: 0800 283 13 22
www.autenticaeditora.com.br

U48   Um olhar além das fronteiras: educação e relações raciais / organizado por Nilma Lino Gomes . – 1. ed., 1. reimp. – Belo Horizonte : Autêntica , 2010.

136 p. —(Cultura Negra e Identidades)
ISBN 978-85-7526-291-7

1.Cultura negra. 2.Antropologia. I.Gomes, Nilma Lino. II.Título. III.Série.
CDU 572.9

Ficha catalográfica elaborada por Rinaldo de Moura Faria – CRB6-1006

SUMÁRIO

APRESENTAÇÃO.. 7

PARTE I – GLOBALIZAÇÃO, EDUCAÇÃO E DIGNIDADE HUMANA

Entrevista Boaventura de Sousa Santos.. 15

Somos diferentes, somos iguais: uma abordagem educativa
europeia para os Direitos Humanos Teresa Cunha e Inês Reis............ 31

PARTE II – RACISMOS E ETNICIDADES EM DIFERENTES
CONTEXTOS HISTÓRICOS E SOCIAIS

Os espaços criados pelas palavras: racismos, etnicidades
e o encontro colonial – Maria Paula Guttierrez Meneses.................... 55

O silêncio do racismo em Portugal: o caso do abuso
verbal racista na escola – Marta Arajo... 77

PARTE III – RACISMO, ANTI-RACISMO
E EDUCAÇÃO: O CONTEXTO BRASILEIRO

Diversidade étnico-racial e Educação no contexto brasileiro:
algumas reflexões – Nilma Lino Gmes... 97

A pedagogia multirracial popular
e o sistema escolar – Miguel González Arroyo.............................. 111

OS AUTORES.. 131

Apresentação

Esta coletânea é fruto de um encontro feliz. Um desses encontros que a vida nos brinda e que ao nos percebermos diante dele devemos ter a prudência de saboreá-lo, curti-lo e retirar muitos frutos. Assim foi o meu encontro com os autores e autoras que aqui registram os seus pensamentos. Tratam-se de intelectuais que produzem conhecimento vinculado a temáticas sobre a emancipação social, pós-colonialismo, democracia, educação como direito e educação para a diversidade étnico-racial, a partir da articulação entre três contextos: África, Portugal e Brasil.

Esse encontro se deu em diferentes cenários. É importante destacar dois deles. O primeiro é o Centro de Estudos Sociais (CES), da Faculdade de Economia da Universidade de Coimbra, no qual pude realizar os meus estudos de pós-doutorado no ano de 2006. A estada no CES possibilitou-me o contato tanto com a atenciosa e competente supervisão do professor Boaventura de Sousa Santos como, também, a aproximação de um grupo de intelectuais de diferentes nacionalidades que possuem a perspectiva acadêmica da produção de um conhecimento crítico e de uma ciência comprometida com um processo de emancipação social. Uma parte desse grupo encontra-se, aqui, nesse livro.

O segundo cenário foi o Encontro de Primavera: Dignidade Humana em Polifonia, na Escola Superior de Educação de Coimbra, de 26 a 29 de abril de 2006. Graças ao convite da professora Teresa Cunha, as pesquisadoras que aqui registram seus artigos puderam participar de uma mesa-redonda discutindo e apresentando perspectivas diversas sobre a questão racial no Brasil, em Portugal e na África e sobre a educação para os direitos humanos. Um dos resultados desse encontro é a publicação deste livro que pretende ser uma contribuição para o campo da formação de professores.

Sem perder o foco central o livro também incorpora a contribuição de dois outros intelectuais de reconhecida competência acadêmica e política: Boaventura de Sousa Santos e Miguel González Arroyo. As reflexões de ambos ajudaram a aprofundar ainda mais a temática em questão.

A possibilidade de socialização de conhecimentos diversos produzidos pelas autoras e autores que aqui registram suas idéias e opiniões dá um tom inédito a esse livro e faz dele uma contribuição para um debate acadêmico específico: a reflexão teórica sobre a questão racial e as diferentes formas como ela é interpretada e entendida em diferentes contextos históricos, políticos, culturais e sociais.

Com o olhar focado na questão racial as autoras e os autores se preocupam em articulá-la com a educação, a história, a antropologia e a discussão sobre direitos humanos. Nesse contexto, a educação é entendida como um rico processo de formação humana que extrapola o contexto escolar. No entanto, não deixamos de reconhecer o peso da escola como instituição social e como espaço-tempo forte que atravessa vidas e gerações em diferentes lugares do mundo.

Embora pretendamos que pessoas de diversas áreas do conhecimento leiam este livro e compartilhem das nossas idéias há, aqui, a intenção de estabelecer um diálogo com os educadores e as educadoras e com o campo da formação de professores. É nosso interesse refletir junto com esse grupo de profissionais sobre os desafios trazidos pela perspectiva pós-colonial, a educação para a dignidade humana, os processos hegemônicos e contra-hegemônicos da globalização e sua articulação com a questão racial em nível nacional e internacional.

Os artigos apresentam uma diversidade de tons e cadenciamentos que expressam as diferentes situações nas quais foram produzidos. São resultados de entrevistas, pesquisa etnográfica, palestras e textos teóricos. Essa diversidade não retira o mérito da obra, pelo contrário, a enriquece não apenas pelas diferentes formas como o tema central é abordado como, também, por revelar que o mesmo é fonte de interesse de investigação não só pelos investigadores(as) brasileiros(as) mas também pelos portugueses(as) e africanos(as). Isso revela o quanto a questão racial é um assunto que extrapola fronteiras nacionais. Ela é uma questão de todos nós e possui uma dimensão histórica, cultural, social, política, econômica e educacional que deveria ser mais debatida e discutida.

Devido as diferentes perspectivas apresentadas nos artigos, o livro está organizado em três partes. A primeira *Globalização, Educação e Dignidade Humana* apresenta a educação em um contexto mais amplo de discussão: os processos hegemônicos e contra-hegemônicos de globalização e a maneira como estes afetam os diversos níveis de ensino, entre os quais, o superior. Nessa parte refletimos, também, a respeito do desafio de uma educação para os direitos humanos que compreenda o conceito de Dignidade Humana na sua complexidade e diversidade, superando a tendência de reduzi-lo a um só modelo.

A segunda parte *Racismos e Etnicidades em Diferentes Contextos Históricos e Sociais* refere-se ao contexto africano e português. O primeiro artigo explora as imagens e representações negativas construídas sobre a África e os africanos e a urgente necessidade de sua revisão. Apresenta uma África viva cultural, política e intelectualmente, tomando como exemplo o caso de Moçambique. O segundo texto problematiza, indaga e analisa o lugar da questão racial no contexto português. Reflete sobre o mito da não existência do racismo que é contestado por uma situação cotidiana nas escolas e que afeta alunos negros e africanos: as piadas e o insulto verbal, considerados como uma forma de expressão da cultura que revela de maneira explícita o racismo e o preconceito racial.

A terceira e última parte *Racismo, Anti-racismo e Educação: o contexto brasileiro* refere-se ao debate sobre a questão racial no Brasil. Um dos artigos destaca a especificidade da questão racial nesse país, marcada pela presença do racismo ambíguo e pelo mito da democracia racial. Discute como tal situação impregna o imaginário social e pedagógico brasileiro exigindo do Movimento Negro várias estratégias de luta para a superação deste. Nesse processo, uma educação anti-racista respaldada, hoje pela lei 10.639/03 começa a se configurar nesse país. O segundo artigo apresenta uma questão instigante: é possível um diálogo entre a pedagogia multirracial, a educação popular e o sistema de ensino? Dentre as várias ponderações realizadas o artigo aponta para o seguinte fato: tal diálogo é possível, sim, e caminha no sentido de que o sistema escolar, as escolas e os docentes assumam como função a garantia dos direitos culturais dos coletivos étnico-raciais que fazem parte de nossa formação social, política e cultural.

No entanto, quais são os artigos, os autores e as autoras que compõem cada parte anunciada? O nosso diálogo além das fronteiras é aberto por uma *entrevista* realizada com o sociólogo Boaventura de Sousa Santos, em 7 de janeiro de 2004, pela revista *Globalisation, Societies and Education*. Apesar do caráter datado do texto, as reflexões e a efervescência do pensamento do autor continuam extremamente atuais. Boaventura apresenta as suas indagações e a contestação da suposta força unitária e natureza hegemônica do fenômeno da globalização. Ele nos adverte para o fato de que há, basicamente, dois modelos de globalização, um do lado do capitalismo e o outro lutando contra o capitalismo, qualquer que seja a agenda. Essa e outras dinâmicas tensas e complexas nos permitem criar um mapa emancipatório como um meio de imaginar e viver novas e diferentes possibilidades da vida. Nesse sentido, o autor não perde a esperança sempre lúcida e criativa de que existam caminhos alternativos a seguir e que estejam sendo duramente construídos pelos movimentos sociais, pelos projetos emancipatórios, pela articulação de ONGs e grupos sociais. O caráter radical da emancipação social, que o autor propõe, consiste em apostar na possibilidade afirmativa de construir uma outra maneira de viver no mundo. Para isso, é preciso voltar os olhos para as experiências contra-hegemônicas e os processos emancipatórios que elas têm construído historicamente.

Processos esses que atingem a educação. Boaventura adverte que a educação universitária está passando por um processo de globalização neoliberal conduzida por universidades corporativas e pelas universidades tradicionais tanto públicas quanto privadas transformadas em universidades globais, exportando serviços educacionais para todo o mundo. Ao analisar o peso dessas transformações nos princípios e práticas das universidades de vários países do mundo o autor nos alerta para as alternativas existentes. Lutas educacionais e emancipatórias vêm sendo travadas. São aquelas que não se dobram aos ditames neoliberais e podem ser vistas nas experiências de universidades e de educadores que se recusam a ter como base as considerações de lucro, participando, portanto, de uma globalização contra-hegemônica. Uma educação e uma pedagogia da diversidade, sobretudo aquelas que têm como foco a problematização das relações étnico-raciais no Brasil, na África e em Portugal devem considerar esta e outras questões apontadas pelo autor.

O segundo artigo *Somos diferentes, somos iguais: uma abordagem educativa europeia para os Direitos Humanos*, de autoria de Teresa Cunha e Inês Reis apresenta uma discussão mais ampla sobre a Educação. Uma concepção de educação entendida não apenas como forma de conhecer o Mundo, mas como espaço-tempo capaz de fornecer instrumentos de interpretação, inclusão e participação. As autoras problematizam epistemologicamente a Educação para os Direitos Humanos (EDH), o conceito de Dignidade Humana e a sua irredutibilidade a um só modelo. Trata-se de "uma visão marcada por uma interculturalidade de alta intensidade, crítica e disruptiva com o chamado pensamento único da universalidade do paradigma liberal dos Direitos Humanos". É nesse contexto que uma nova pedagogia pode ser pensada, problematizada e construída não só na Europa, mas em outros continentes e lugares do mundo.

O artigo de Maria Paula Guttierrez Meneses *Os espaços criados pelas palavras racismos, etnicidades e o encontro colonial* abre a segunda parte do livro. A autora questiona: "os últimos anos têm vindo a dedicar uma crescente atenção a África na história mundial. Mas será que o nosso conhecimento sobre o continente mudou, de fato?". Baseada nessa indagação a autora apresenta o desafio teórico e epistemológico de produzir um outro mapa cognitivo da realidade africana, tomando o caso de Moçambique como principal inspirador da sua análise. A reflexão histórica e cultural realizada pela autora baseia-se em uma postura teórica e política pós-colonial que reconhece e destaca a complexidade de conhecimentos, a diversidade de saberes, as múltiplas identidades e as variadas experiências dos povos do "Sul". Isso significa uma inflexão na interpretação teórica sobre a África que procura compreendê-la na sua complexidade e diversidade extrapolando o eixo epistêmico do "Norte".

Marta Araújo, no artigo *O silêncio do racismo em Portugal: o caso do abuso verbal racista na escola* apresenta discussões e análises resultantes de uma pesquisa etnográfica, realizada pela autora em duas escolas de uma cidade de tamanho médio na zona norte de Portugal. O objetivo do estudo é explorar os processos por meio dos quais várias formas de racismo se manifestam nas experiências escolares cotidianas de alunos pertencentes a minorias racializadas de ambos os sexos e diversas origens sociais, e quais as suas conseqüências. A partir dos depoimentos de alunos(as) e docentes e suas representações sobre o negro, o racismo e a questão racial em Portugal, a autora faz referência à emergência e persistência de discursos *lusotropicalistas* e suas variantes que circulam na sociedade portuguesa e que têm ajudado a manter o mito de que não existe racismo naquele país. É por meio da análise de uma forma explícita de racismo, o abuso verbal, que Marta Araújo sugere o quanto esses discursos são de tal modo poderosos que tornam as questões raciais invisíveis e contribuem para silenciar o racismo que existe nas escolas por meio da despolitização e desracialização das relações sociais. A autora destaca ainda que outros países, como o Brasil e a suposta 'democracia racial' ou os Estados Unidos com o "colour-blindness", também criaram mitos de negação do racismo. Essa aproximação dos discursos e dos mitos construída em contextos históricos, políticos, sociais e culturais tão diferentes, mas que se referem aos mesmos sujeito sociais os negros e os africanos – aponta, dentre outras coisas, para a necessidade de programas de investigação comparativos a fim de compreender como se relacionam os passados coloniais com a luta anti-racista em várias sociedades.

O artigo *Diversidade étnico-racial e educação no contexto brasileiro: algumas reflexões*, de Nilma Lino Gomes abre a terceira e última parte do livro. O texto, fruto de uma palestra realizada pela autora, localiza o contexto complexo e tenso das relações raciais no Brasil. Nilma admite que, nos últimos anos, a discussão sobre a questão racial em específico e sobre a diversidade, de maneira geral, ganhou um outro fôlego na sociedade brasileira do terceiro milênio. Um processo construído devido a mudanças na reconfiguração do pacto social brasileiro, impulsionado pela luta dos movimentos sociais dentre estes, o Movimento Negro – na cena pública nacional. Essa situação impõe novos desafios para a luta pela emancipação social no Brasil e para a construção de uma educação ou de uma pedagogia da diversidade. Nesse processo tenso, todos os setores sociais são chamados a se repensar. A escola é um deles.

A Pedagogia multirracial popular e o sistema escolar de Miguel González Arroyo é o artigo que encerra a coletânea. O texto resulta de uma palestra proferida pelo autor no *Colóquio Pensamento Negro em Educação no Brasil*, realizado pelo Núcleo de Estudos Negros (NEN) nos dias 16 e 17 de fevereiro de 2006, em Florianópolis-SC. Nesse colóquio, além dos intelectuais negros que se dedicam ao estudo das relações raciais na educação brasileira, foram convidados pesquisadores que sempre estiveram nas fronteiras da luta pela construção de uma educação democrática e emancipatória. É nesse contexto que o professor Miguel Arroyo foi convidado e pôde realizar a sua palestra, agora transformada em artigo. A partir da sua larga experiência no campo dos direitos em prol da educação, das discussões sobre os rumos da educação básica brasileira e da educação popular, Miguel Arroyo foi desafiado pelo NEN a refletir e ponderar sobre os possíveis diálogos entre a pedagogia multirracial e a pedagogia popular. Entre as várias discussões e ponderações realizadas pelo autor ele nos apresenta um terceiro ator nesse diálogo: o próprio sistema escolar. Este, segundo ele, com sua estrutura rígida e seletiva está sendo desafiado a se repensar internamente, a partir das lutas sociais emancipatórias desencadeadas pelos movimentos sociais como atores políticos e sujeitos coletivos. O Movimento Negro é um deles. É ao Movimento Negro que se deve o fato da discussão racial estar inserida na escola brasileira, nos mais variados aspectos. Nos últimos anos, a luta desse movimento social tem se voltado, também, para a inclusão da diversidade étnico-racial nas políticas de Estado. Novos desafios e uma nova conjuntura política vêm se configurando no terceiro milênio. Esse momento está a desafiar a todos e se dá em uma pluralidade de frentes e com uma pluralidade de atores, sendo um dos principais protagonistas o Movimento Negro.

Ainda que a presente coletânea não tenha a pretensão de ser um estudo comparativo, os artigos aqui registrados nos permitem estabelecer pontes e conexões sobre a questão racial nos diferentes contextos analisados. A possibilidade de trazer a público o debate sobre um mesmo tema vivido em contextos diferentes África, Portugal e Brasil – atravessado por histórias de colonialismos, pós-colonialismos, resistência e emancipação poderá evidenciar elementos novos para a pesquisa e para a desconstrução de imaginários racistas e instigar a realização de futuros estudos comparativos baseados em um diálogo intercultural.

É assim que realizamos o nosso diálogo além das fronteiras, alicerçados em um dos ensinamentos de Paulo Freire: *de que uma das nossas brigas como seres humanos deva ser dada no sentido de diminuir as razões objetivas para a desesperança que nos imobiliza.* Nesse sentido, a recusa ao fatalismo cínico e imobilizante pregado pelo contexto neoliberal, pela globalização capitalista, pela desigualdade social e racial deve se pautar em uma postura epistemológica e política criticamente esperançosa. É o que o leitor e a leitora encontrarão nas páginas desse livro.

Nilma Lino Gomes
Professora da Faculdade de Educação da UFMG

PARTE I

GLOBALIZAÇÃO, EDUCAÇÃO E DIGNIDADE HUMANA

Entrevista[1]

Boaventura de Sousa Santos

Roger Dale – Faculdade de Educação, Universidade de Auckland, e GSOE, Universidade de Bristol. 35 Berkeley Square, Bristol, BS81JA
Susan Robertson – GSOE, Universidade de Bristol. 35 Berkeley Square, Bristol, BS81JA
Para a revista *Globalisation, Societies and Education*, Vol.2 (2), Julho, 2004
Tradução – Cristina Antunes

Boaventura de Sousa Santos é Professor de Sociologia na Faculdade de Economia, Universidade de Coimbra, e Distinguished Legal Scholar da Faculdade de Direito, Universidade de Wisconsin-Madison. Também é diretor do Centro de Estudos Sociais da Universidade de Coimbra.

Boaventura é um dos principais teóricos da atualidade. Seu repertório de trabalhos, extensivo e expansivo, compromete-se com as questões sociais e políticas urgentes. Seu criativo trabalho *Toward a New Legal Common Sense* empenha-se numa série de análises sociológicas do direito, para ilustrar a necessidade de uma profunda reconstrução teórica da noção de legalidade, baseada em localidade, nacionalidade e globalidade. Esse trabalho foi precedido, cercado e seguido por pesquisa, preocupada, em última análise, com Estados, economias e sociedades, especialmente na semiperiferia. Como Boaventura deixou claro em nossa entrevista, os conhecimentos de nossas condições tendem mais a vir não dos centros de poder, mas especialmente das margens e da periferia; daqueles que no dia-a-dia experimentam dominação, pobreza e injustiça social.

Boaventura sempre está preocupado em mostrar como desenvolvimentos, incluindo organizações supra-estatais como as da União Européia, e a legislação internacional dos direitos humanos, podem ter seu próprio lugar na sociologia do direito. O sólido compromisso de Boaventura com o fenômeno da atualidade globalização o levou a contestar sua suposta força unitária e natureza hegemônica. Devemos falar de globalizações, diz ele, não de globalização. Devemos também falar de globalizações não apenas a partir do centro, ou de cima, mas de baixo. Sempre trabalhando para

---

[1] Esta entrevista também foi publicada, em inglês, no site: http://www.ces.uc.pt

criar um mapa emancipatório como um meio de imaginar e viver novas e diferentes possibilidades, Boaventura de Sousa Santos nos mostra que há outra estrada, uma rota diferente, um novo espaço para habitar, um caminho alternativo de ser e agir. Seu trabalho no Fórum Social Mundial é um exemplo (entre muitos fundamentais) de um compromisso com a esperança, uma política de resistência e um esforço para encontrar novas formas de se viver no mundo. Como influente intelectual e ativista, Boaventura de Sousa Santos, estrategicamente, nos mostra como referir aquilo que foi negado, revelar aquilo que foi ocultado e, a partir disso, imaginar e criar um mundo social mais justo. É esse processo o emancipatório uma maneira de viver no mundo.

Em nossa entrevista com Boaventura de Sousa Santos, realizada na Universidade de Coimbra, Portugal, em janeiro de 2004, percorremos a essência de suas idéias, preocupações e compromissos práticos. Gostaríamos de agradecê-lo por ser tão generoso com seu tempo e tão franco com suas respostas. Nossa expectativa é que aqueles, que trabalham com educação e ciências sociais, reconheçam imediatamente a importância e relevância de suas idéias, não apenas para seus próprios projetos e experiências, mas também as maneiras pelas quais essas idéias podem nos inspirar a imaginar e trabalhar por um mundo melhor para todos nós.

RD: Poderia nos explicar em detalhes a diferença entre globalização hegemônica e contra-hegemônica?

BSS: Esta é uma questão importante e uma importante diferença. A visão dominante é que existe uma única forma de globalização. Junto com isso, prevalece a idéia de que estamos entrando em um período histórico caracterizado pelo fim de profundas segmentações ideológicas e colapso da distinção entre modelos rivais de transformação social. Todavia, se examinarmos os diferentes grupos de relações sociais, políticas e culturais, que são considerados constitutivos da globalização, facilmente chegamos à conclusão de que esta última é um fenômeno muito complexo, governado por profundas segmentações e contradições.

Identifico três contradições principais. A primeira contradição ocorre entre globalização e localização. À medida que a interdependência e as interações globais se intensificam, as relações sociais em geral parecem tornar-se progressivamente mais desterritorializadas, abrindo caminho para novos *direitos às opções*, que atravessam fronteiras até recentemente reguladas pela tradição, nacionalismo, língua ou ideologia e, freqüentemente, por uma combinação de todos esses fatores. Mas, por outro lado, em aparente contradição a essa tendência, novas identidades regionais, nacionais e locais estão emergindo, construídas em torno da nova preeminência dos *direitos às raízes*. Tais fatores locais, ainda que se refiram a territórios reais ou imaginários tanto como a modos de vida e relacionamentos sociais, são fundamentados em relacionamentos diretos, em proximidade e pertencimento.

A segunda contradição é a que acontece entre o Estado-nação e o não-Estado transnacional. Se, por um lado, o Estado parece ter se tornado obsoleto e a caminho da extinção ou, no mínimo, muito mais enfraquecido em sua capacidade de organizar e regular a vida social, por outro lado, o Estado continua a ser a entidade política central, não apenas porque o desgaste da soberania é muito seletivo mas também, essencialmente, por causa da própria institucionalização da globalização das atividades financeiras multilaterais até a desregulamentação da economia criada pelos Estados-nação centrais. A terceira contradição, a mais relevante para a sua pergunta, é de natureza política e ideológica. Consiste naqueles que vêem na globalização a energia do capitalismo decididamente indiscutível e inquestionável, e naqueles que vêem uma nova oportunidade para ampliar a escala e a natureza da solidariedade transnacional e esforço anticapitalista.

Se partirmos da idéia de que a globalização trata de relações sociais, à medida que o significado político dessas relações sociais se modifica, o significado político da globalização também se modifica. Vou partir da minha definição de que globalização é o processo pelo qual uma dada entidade alcança o globo pela ampliação do seu próprio âmbito e, por fazer isso, desenvolve a capacidade ou a prerrogativa de nomear como "local" todas as entidades rivais. As mais importantes implicações desse conceito são as seguintes. Primeiro, não há genuinamente condição global; o que chamamos de globalização é sempre a globalização bem sucedida de um regionalismo específico. Em outras palavras, não há condições globais para as quais não possamos encontrar raízes locais, reais ou imaginárias, na forma de uma inserção cultural específica. A segunda implicação é que globalização pressupõe localização. O processo que cria o global como a posição dominante em trocas desiguais, é o mesmo que produz o local como a posição subalterna. Por exemplo, hoje temos a idéia de que o modelo social europeu é um modelo local. É um modelo europeu adequado apenas às condições européias e, por conseguinte, não suscetível de ser exportado. O único modelo de capitalismo que pode ser exportado é a versão americana: capitalismo liberal. Enquanto o capitalismo liberal torna-se globalizado como uma versão do capitalismo, o modelo social europeu torna-se localizado.

Na verdade, nós vivemos mais em um mundo de localização do que em um mundo de globalização. Portanto, em termos analíticos, seria igualmente correto se a situação atual e nossos tópicos de investigação fossem definidos em termos de localização em vez de globalização. A razão pela qual se prefere o último termo é basicamente porque o discurso científico hegemônico tende a favorecer a história do mundo contada pelos vencedores.

A tensão entre globalização e localização significa que o local pode também se tornar global, caso consiga se desglobalizar do conjunto de condições que o localizou, e se reglobalizar em um conjunto de condições alternativo. É onde acontece a diferença entre globalização hegemônica e contra-hegemônica. A globalização hegemônica não é meramente uma forma dominante de globalização; é a forma de globalização que é assumida por muitas pessoas inclusive as vítimas como a única. Nos anos 1990, no entanto, emergiu um novo movimento, ou uma nova iniciativa política, que parte desta convicção muito simples: não ser contra a globalização como tal, mas de preferência contra *este modelo de* globalização. Enquanto a globalização hegemônica negocia com interações transnacionais provenientes de cima, é compreensivelmente possível desenvolver interações transnacionais provenientes de baixo ou seja, a partir das vítimas, dos explorados, dos excluídos e seus aliados que lutam contra a globalização hegemônica e, fazendo isso, geram a globalização contra-hegemônica. Nos últimos dez anos, essa possibilidade capacitadora tem sido tão fortemente agarrada por muitos milhares de movimentos sociais e ONGs progressistas, que hoje é amplamente aceito que, lado a lado com a globalização hegemônica, está surgindo uma espécie de globalização contra-hegemônica.

E o que é globalização contra-hegemônica? Consiste em resistência contra a globalização hegemônica organizada (por meio de ligações local/global) por movimentos, iniciativas e ONGs, no interesse de classes, grupos sociais e regiões vitimadas pelas trocas desiguais produzidas em escala global pela globalização neoliberal. Esses grupos tiram proveito das possibilidades de interação transnacional criadas pela globalização hegemônica, inclusive aquelas resultantes da revolução nas tecnologias de informação e comunicação. Incluem a solidariedade das redes de advocacia transnacional de sul/sul e norte/sul; articulações entre organizações sindicais em países integrados dentro dos diferentes blocos regionais, ou entre trabalhadores da mesma corporação multinacional atuando em diversos países (o novo internacionalismo operário); redes internacionais de ajuda legal alternativa; organizações transnacionais de direitos humanos; redes mundiais de movimentos feministas; redes de movimentos e associações de movimentos indígenas, ecológicos ou desenvolvimento alternativo; movimentos literários, artísticos ou científicos na periferia do sistema mundial em busca de valores alternativos não-imperialistas, culturais e educacionais anti-hegemônicos. Desde Chiapas, em 1994, a Seattle, em 1999, a Porto Alegre, em 2001, 2002, 2003, e Mumbai, em 2004, esse conjunto de movimentos e organizações muito heterogêneo vem ganhando força por mostrar que o mundo como tal, é hoje um importante campo social de luta pela transformação social progressiva: "outro mundo é possível". Lutas locais ou lutas nacionais continuam a ser decisivas, mas estamos em um novo estágio, no qual é necessário articular essas escalas de lutas com a escala global. Os movimentos não podem se dar ao luxo de se concentrar em uma escala de lutas específica; eles devem combater lutas locais, nacionais e globais, porque elas estão entrelaçadas.

Então, acho que nesse estágio, a distinção entre globalização hegemônica e contra-hegemônica tem uma dimensão analítica e uma dimensão normativa. Analítica porque há tantas iniciativas, movimentos e organizações por todo o mundo lutando contra a globalização, que parece adequado chamar esse novo fenômeno político de forma alternativa de globalização. Mas há também uma dimensão normativa ao nomeá-la como tal, que consiste em dar visibilidade e credibilidade a essas práticas. Visto que elas não são hegemônicas, essas iniciativas são facilmente desacreditadas, como vimos acontecer com referência ao Fórum Social Mundial. Primeiro ele foi considerado impossível, depois foi construído pela mídia corporativa como um bando de violentos desordeiros e anarquistas. Gradualmente, entretanto, conseguiu ter credibilidade como uma iniciativa sustentada.

A distinção também traz complexidade à discussão sobre globalização por afirmar que não há um modelo de globalização; há, basicamente, dois modelos, um do lado do capitalismo e o outro lutando contra o capitalismo, qualquer que seja a agenda. Aqui há um elemento utópico crítico que se concentra em afirmar que outro mundo é possível, ao invés de definir seu conteúdo. Nisto repousa o caráter ecumênico do Fórum Social Mundial: uma resistência global contra a exclusão e destruição que a globalização hegemônica está produzindo mundialmente, uma resistência conduzida com total respeito pela diversidade de alternativas pelas quais os diferentes movimentos estão lutando.

RD: Como você vê a relação entre globalização, neoliberalismo e capitalismo?

BSS: O neoliberalismo não tem nada a ver com o liberalismo político histórico; neoliberalismo é neoconservadorismo. Não é um novo liberalismo. É conservadorismo porque é hostil a concessões às classes populares (direitos sociais e econômicos) e ao Estado como promotor de interações não mercantis entre os cidadãos. É "novo" porque, enquanto os conservadores históricos não queriam que o Estado crescesse e valorizavam a soberania nacional, os neoconservadores querem a expansão militar e securitária do Estado e não valorizam a soberania nacional.

O neoliberalismo é a forma política de globalização que resulta do modelo de capitalismo dos Estados Unidos, um modelo que baseia competitividade em inovação tecnológica acoplada a baixos níveis de proteção social. A agressiva imposição deste modelo no mundo todo pelas instituições financeiras internacionais, não apenas impõe abruptas mudanças no papel do Estado e nas regras do jogo entre o explorador e o explorado; bem como entre o opressor e o oprimido, mas também muda as regras do jogo dentro dos outros tipos de capitalismo desenvolvidos (capitalismo corporativo japonês e capitalismo social-democrático europeu) por forçar sua localização (por serem considerados impróprios para exportação).

De maneira não surpreendente, as cumplicidades, mas também os conflitos entre a União Européia e os Estados Unidos, têm a ver com essas concepções diferentes de capitalismo e as tensões e ambigüidades que elas produzem no interior da globalização hegemônica. Quanto às ambigüidades, basta notar que a Europa se distanciou dos Estados Unidos no caso da invasão do Iraque, mas se aliou aos Estados Unidos na reunião da Organização Mundial do Comércio (OMC), em Cancun, no outono passado. Por outro lado, agora é evidente que uma das principais razões para os Estados Unidos invadirem o Iraque era intimidar a Europa, presentemente ascendendo como o mais poderoso bloco econômico e possuindo uma moeda que será progressivamente atraente para a economia do Terceiro Mundo (sobretudo para os países produtores de petróleo). O declínio econômico dos Estados Unidos como "A Hegemonia" é cada vez mais evidente. Ambos, o unilateralismo e o militarismo, utilizaram-se disso nos últimos anos; embora visassem desacelerar esse declínio, na verdade o aceleraram. Veremos mais disso, juntamente com conflitos econômicos, alguns deles disputados dentro da OMC e outros em outras instâncias. No entanto, por algum tempo, veremos o neoliberalismo e o capitalismo dos Estados Unidos marchando juntos triunfalmente.

SLR: Você acha que o sucesso do neoliberalismo repousa no quanto ele foi constitucionalizado em vários tipos de acordos com obrigatoriedade jurídica.

BSS: Certamente esse processo de constitucionalização está ocorrendo em dois níveis, um deles é o que está influenciando as constituições nacionais dos países do sul global. Por exemplo, todas as transições atuais concernentes à África e à América Latina, depois de períodos de diferentes tipos de regime autoritário, ocorreram juntamente com as transições neoliberais na economia e no papel do Estado. Esse processo gêmeo pode ser igualmente identificado nas constituições da Argentina, Brasil, África do Sul e Moçambique.

O segundo nível é o que podemos chamar um constitucionalismo global. De forma geral, é a idéia de que por possuirmos atualmente uma legislação universal dos direitos humanos direcionada para proteger os indivíduos, deveríamos ter também uma legislação internacional protegendo as corporações multinacionais, uma espécie de "direitos humanos" para corporações, isto é, para os mais poderosos agentes globais não-estatais. O abortado Acordo Multilateral de Investimentos foi a primeira tentativa, e a criação da OMC, a segunda. É um constitucionalismo global cujo objetivo principal é, a meu ver, neutralizar o potencial revolucionário dos direitos humanos e mesmo da democracia, especialmente quando a democracia representativa está combinada com democracia participativa, como temos testemunhado em tantas cidades do sul. Até o fim da Guerra Fria, os direitos humanos eram muito mais uma espécie de ideologia capitalista contra o socialismo e a revolução. Depois do fim da Guerra Fria, surgiu a oportunidade para as concepções e práticas contra-hegemônicas das lutas pelos direitos humanos e, então, seu potencial transformador se expandiu enormemente. Considero que esse constitucionalismo global está tentando neutralizar esse potencial e neutralizá-lo, tanto no nível das constituições nacionais como no nível dos tratados e de todos os acordos internacionais em que os Estados entram e, portanto, com os quais estão comprometidos.

SRD: Os liberalismos políticos que você mencionou anteriormente são sempre historicamente nacionais?

BSS: Sim, e, na verdade, esse é o problema! O sistema do mundo moderno é baseado em dois pilares claramente definidos: a economia mundial, de um lado, e o sistema interestatal, de outro. Sabemos que no começo do século vinte e um temos a economia global, e temos ainda o sistema interestatal, mas temos novas entidades políticas globais em surgimento, novas formas políticas que até agora não convergiram para uma nova forma política característica, uma forma política supra-estatal. Do lado do capitalismo, a OMC, as novas regras para instituições financeiras multilaterais, e mesmo essas novas formas de agregação entre os países desenvolvidos, como o G8 e assim por diante. Todas essas são realmente as formas embrionárias de uma nova forma de governo mundial, se você preferir, para o capitalismo. Do outro lado, há formas muito embrionárias e muito fragmentadas de ação política global contra o capitalismo, centralizadas em torno do movimento de justiça global.

O problema é que é muito difícil reinventar, no nível global, as tensões entre democracia e capitalismo que se desenvolveram, no nível nacional, sob o liberalismo político. Lutas populares e movimentos por inclusão no contrato social, tais como lutas e movimentos sindicais, até agora se basearam na unidade nacional, e todas as nossas políticas públicas, assim como as ciências sociais que as analisam, se basearam na mesma unidade social: a unidade nacional. Necessitamos de recursos políticos, institucionais e culturais para combater forças globais no nível global. De fato, a globalização neoliberal é precisamente projetada para prevenir o surgimento dessas políticas progressistas globais de resistência. Por isso, o trabalho é hoje um recurso global, mas não há um mercado de trabalho global. Se os trabalhadores pudessem ter a mesma liberdade de movimento que o capital, o capitalismo global seria insustentável. Então, está certo, necessitamos de entidades políticas contra-hegemônicas globais, e penso que todos esses movimentos, o Fórum Social Mundial etc. significam precisamente a aspiração de desenvolver tais formas.

SRD: Você se refere ao neoliberalismo como uma combinação de democracia política e fascismo social, e que ele é o que você descreve como uma "utopia antiutópica". Pode falar mais sobre essas idéias?

BSS: Como disse antes, a tensão histórica entre democracia e capitalismo deriva-se do fato de que foi através das lutas democráticas pelo menos nos países centrais que algum tipo de redistribuição social foi alcançada (direitos sociais e econômicos). Tudo isso começou a mudar nos anos 1980, quando a democracia tornou-se o outro lado do capitalismo global e as mesmas agências que vinham promovendo capitalismo começaram a promover democracia, tais como o Banco Mundial e o FMI. Isso tornou-se possível pelo bem sucedido ataque lançado, nesse meio tempo, contra as capacidades redistributivas da democracia: o ataque ao Estado-Providência; ou, onde quer que não houvesse Estado-Providência, às políticas sociais, exceto aquelas meramente compensatórias. Logo que essas funções redistributivas foram neutralizadas, a democracia tornou-se a forma ideal de governo para o capitalismo global: é a forma mais legítima do Estado fraco, e isso é basicamente o que o capitalismo neoliberal quer nesse estágio.

Como isso foi possível? O que aconteceu com as lutas democráticas por inclusão no contrato social, por direitos sociais e econômicos? Elas foram suprimidas, ilegalizadas, incriminadas, enquanto as organizações que as conduziam foram atacadas e muitas vezes, desmanteladas. Surgiu um novo contra-reformismo virulento, determinado a corroer ou a eliminar direitos sociais e econômicos, expandindo a economia de mercado de tal modo que transformasse toda a sociedade numa sociedade de mercado. Nisto repousa também a mais profunda origem da crise da política de esquerda. Posto que, independente do que está sendo proposto como uma reforma (de educação, saúde, seguridade social etc.) é definitivamente para o pior, a esquerda é freqüentemente forçada a defender o *status quo*. E a esquerda nunca foi muito boa em defender o *status quo*.

Nesse aspecto, dois processos políticos principais podem ser identificados. Primeiro, muitos agentes sociais no nível global e nacional estão se tornando bastante poderosos e muitas das violações dos direitos humanos não estão vindo do Estado, mas desses agentes não-estatais. Por exemplo, quando o Estado privatiza água, o que se tornou comum, as companhias que são donas da água têm um direito sobre a vida das pessoas, uma vez que suas vidas dependem, entre outras coisas, de beberem água de graça ou a preço acessível. Desse modo, os bens públicos à disposição dos cidadãos estão sendo entregues como bens privados, acessíveis apenas a consumidores solventes. A distinção entre público e privado a pedra fundamental da teoria política moderna está sendo desfigurada para além do reconhecimento. Uma nova regra indireta está emergindo, carregando certas similaridades com aquela exercida pelo Estado colonial, por meio da qual esses poderosos agentes não-estatais desempenham funções políticas sujeitas ao controle político ineficaz. Assim, o poder de veto que eles comandam acima do exercício dos direitos dos cidadãos, é de natureza fascista.

O mesmo poder de veto está emergindo sempre que as desigualdades sociais atingem níveis extremos. Isso está acontecendo em todo o mundo. Formas extremas de desigualdade social dão origem a formas de sociabilidade nas quais o lado mais fraco está à mercê do mais forte. Sob essas condições e na ausência de instrumentos compensatórios efetivos, a existência formal dos direitos de cidadania se torna praticamente insignificante. Isto é, as relações sociais se tornam fascistas. No meu entender, podemos estar entrando numa época em que as sociedades são politicamente democráticas e socialmente fascistas. Esse novo fascismo é um regime social, não um regime político, como no passado. Não é gerado no, ou pelo Estado, embora não possa reproduzir-se sem a complacência do Estado. Em vez de confrontar a democracia, o fascismo social coexiste com ela e, de fato, prospera nela. Distingo cinco tipos de fascismo social. Uma vez que não tenho tempo para entrar em detalhes, dou aqui apenas alguns exemplos.

Um dos tipos de fascismo social é o fascismo da *segregação social*, o fato é que em todo o mundo as cidades estão cada vez mais divididas em "zonas civilizadas" e "zonas selvagens". O mesmo Estado democrático, a mesma polícia, se comporta de modo muito diferente nas zonas civilizadas ou nas zonas selvagens. As zonas civilizadas se sentem constantemente ameaçadas pelas zonas selvagens e se protegem em condomínios fechados, guardados por forças policias particulares. Desse modo, espaço público é privatizado. Outro tipo de fascismo social é o *fascismo contratual*. Ele ocorre quando contratos individuais são celebrados entre partes em posições de poder extremamente desiguais. Se tomarmos um operário e um empresário concluindo um contrato individual, um lutando para sobreviver, o outro pelo lucro, formalmente eles são cidadãos iguais, igualmente livres para aceitar ou não as condições contratuais. Mas que tipo de liberdade é essa se, ao não aceitar as condições o operário coloca sua sobrevivência em risco? Isso é o que chamo de poder de veto, a fonte do fascismo social. Como disse acima, através das lutas populares o Estado capitalista moderno foi levado a criar interações não-mercantis entre as pessoas. Se alguém quer que seus filhos sejam educados e não tem dinheiro para comprar educação na escola particular, há uma escola pública gratuita que as crianças podem freqüentar. O que estamos vendo agora, é que o Estado se tornou o agente da *remercantilização* das interações entre pessoas.

RD: Como você vê as forças de direção do capitalismo afetarem os sistemas de educação?

BSS: Nesse estágio, as forças que estão dirigindo o capitalismo são as forças que têm sido capazes de libertar-se das fronteiras nacionais da política, onde os poderes de resistência, oposição e compensação foram definidos e legitimados. Levou-se um longo período histórico para legitimar sindicatos, movimentos feministas, movimentos ecológicos etc. Mas, finalmente, eles se tornaram agentes sociais legítimos e algumas de suas exigências foram satisfeitas. Por que foi possível para o capitalismo cancelar essas vitórias populares nos anos 1980? Como disse Schumpter nos anos 1940, o capitalismo será uma vítima do seu sucesso, não do seu fracasso. A queda do muro de Berlin é a metáfora do triunfo do capitalismo, finalmente libertado de quaisquer forças compensatórias. Até então, havia uma poderosa força compensatória; o socialismo estatal funcionava como um lembrete da alternativa revolucionária para o reformismo social democrático. Uma vez liberado de tal coerção, o capitalismo entrou numa fase em que o triunfo absoluto parece ser o outro lado da autodestruição. A crise da revolução e o marxismo trouxeram com eles a crise do liberalismo e reformismo. O Estado deixou de ser a agência controladora sobre as articulações entre os três pilares da moderna regulamentação (Estado, mercado e comunidade) para se tornar um servo do mercado e redesenhar a comunidade para se tornar o mesmo. É irônico que a crise do marxismo ocorra junto com a justificativa de sua teoria do Estado.

Nesse meio tempo, as corporações multinacionais, que estiveram lá desde o nascimento do capitalismo moderno, ganharam um papel sem precedentes. São as forças dirigentes centrais por trás do capitalismo neoliberal. Sua força política reside na maneira como articulam esforços globais com raízes nacionais. Elas são, na verdade, corporações nacionais, e mobilizam a diplomacia de seus países para promover seus interesses. Os processos políticos que buscam liberar o Estado das pressões de baixo são os mesmos que oferecem às multinacionais a oportunidade de privatizar o Estado e colocá-lo ao seu serviço.

O impacto dessas transformações na educação é enorme. Para me limitar a um campo no qual também fiz pesquisa, deixe-me apontar que a educação universitária está passando por globalização neoliberal conduzida por universidades corporativas e pelas universidades tradicionais tanto públicas quanto privadas presentemente transformadas em universidades globais, exportando serviços educacionais para todo o mundo. As últimas já são uma importante indústria em países como os Estados Unidos, Austrália e Nova Zelândia. A nova rodada da liberalização do comércio que está sendo negociada agora na OMC, o Acordo Geral sobre Comércio em Serviços (General Agreement on Trades in Services GATS), inclui a educação entre os doze serviços cobertos. Admite todos os setores: primário, secundário, superior, adulto e "outros". A última categoria residual pode incluir exames de linguagem, recrutamento de estudantes e avaliação de qualidade de programas.

Essa agenda neoliberal também está sendo executada na União Européia. A Declaração de Bolonha e documentos afins, visam basicamente, preparar as universidades européias para a futura competição internacional, concebida como uma competição de comércio. Nos tempos modernos, as universidades têm sido o componente-chave constitutivo dos projetos nacionais de desenvolvimento. Portanto, é fácil imaginar o efeito devastador da política do Banco Mundial ao impor, em toda parte do sul global, que os países periféricos parem de investir em educação universitária, dado seu "baixo retorno". Foi dito a eles que era melhor comprar serviços de educação universitária no mercado global. Obviamente, o Banco Mundial detém o privilégio de determinar o critério e definir "retorno".

Deveria também mencionar o fato de que universidades têm uma longa tradição de rede internacional baseada em interesses científicos e intelectuais comuns. Esse tipo de globalização continua hoje e, à medida que se recusa a ser baseada em considerações de lucro, está se tornando uma globalização contra-hegemônica.

SLR: Como você vê o Estado nessa era mais global? São Estados, uma vez que as funções localizadas nacionalmente agora estão dispersas em uma série de escalas diferentes?

BSS: Definitivamente. Micro-Estados estão emergindo no interior do Estado, uma espécie de Estado paralelo. Algumas vezes essas dualidades assumem forma legal devido à ascensão do que chamo pluralismo legal interno. Essa disjunção tem a ver, em grande parte, com o fato do impacto da globalização hegemônica ser ao mesmo tempo muito intenso e muito seletivo. Há áreas profundamente afetadas (tome, por exemplo, políticas sociais, relações trabalhistas, recursos naturais) e outras deixadas relativamente intocadas (por exemplo, política familiar, direito penal, religião). Os Estados de periferia, em particular, são muitas vezes forçados a adotar legislação setorial que contradiz não apenas sua constituição, mas também toda a sua cultura legal e política. As versões desse fenômeno são muito diferentes no centro e na periferia do sistema mundial. Para citar um caso extremo, em Moçambique, nas diferentes regiões do país, podemos encontrar diferentes políticas de saúde, de acordo com as diferentes agências estrangeiras que as financiaram. Na Europa temos um fenômeno diferente, o fato do Estado estar sendo localizado. O Estado está se tornando uma unidade local dentro da nova entidade política que está sendo forjada pela constituição européia. O Estado está sendo localizado. Algumas das suas funções não estão mais localizadas no nível nacional.

E então temos um terceiro fenômeno, que é aquele em que o Estado mais poderoso os Estados Unidos é também um Estado global. Quão importantes são as eleições nos Estados Unidos para os movimentos de globalização contra-hegemônica? Esta é uma questão nacional ou uma questão global? Na minha opinião, o que acontece nos Estados Unidos é de importância global. É por isso que a esquerda americana precisa abandonar seu bairrismo e assumir uma visão global do mundo. Mais do que em qualquer outro país, os políticos de esquerda dos Estados Unidos devem ser de natureza transdimensional. Porque eles são internamente diferenciados e muitas vezes contraditórios, o Estado permite oportunidades de luta. Sob as condições atuais, considero o Estado o mais novo movimento social. A meu ver, para a esquerda seria um erro muito trágico reconhecer que o Estado é uma entidade política obsoleta, e não pior, a luta por isso. Acho que não temos ainda nenhuma entidade política supra-estatal onde podemos apoiar nossos esforços. Globalização é, afinal de contas, produção do Estado. A OMC é uma associação de Estados; não é uma associação de corporações multinacionais. É o Estado que cria o não-Estado. Os neoconservadores sabem muito bem que deixaram de expandir o Estado no processo de tentar acabar com ele. Seu objetivo é substituir o Estado-Providência para o povo pelo Estado-Providência para corporações multinacionais.

SLR: Que tipo de organização é a OMC?

BSS: Ambas, as Nações Unidas e a Organização Mundial do Comércio, são organizações estatais, e ambas baseiam suas decisões em: um país, um voto. Mas enquanto nas Nações Unidas a votação é freqüente mas parece progressivamente irrelevante, na OMC, onde a votação poderia ser muito relevante, não há votação, porque tudo é decidido "por consenso", na assim chamada Sala Verde, na qual os países mais poderosos decidem tudo.

Mas desde que nada funciona na sociedade sem contradições, no outono de 2003, durante o encontro da OMC, em Cancun, vimos como três principais países semiperiféricos (Brasil, Índia e África do Sul) se uniram para provocar o colapso das negociações multilaterais. Basearam sua atitude na simples e óbvia idéia de que o livre comércio, para ser o que ele se proclama ser, deve funcionar dos dois lados, do centro para a periferia e da periferia para o centro. A hipocrisia do neoliberalismo foi, desse modo, exposta. Esse brilhante movimento, conduzido pela diplomacia brasileira, mostra o potencial contra-hegemônico de ambas as práticas, estatais e não-estatais, em países de desenvolvimento intermediário com grandes populações. Os mesmos três países também têm sido o fator principal para forçar as companhias farmacêuticas a renunciar seus direitos sobre patentes no caso dos retro-vírus HIV/AIDS.

SRD: Qual é o papel dos países semiperiféricos nas transições que acontecem no sistema mundial?

BSS: Nós temos agora duas formas de hierarquia e, conseqüentemente, de trocas desiguais no mundo. Uma é a da linha divisória centro/periferia/semiperiferia, que é típica do sistema mundial moderno. Países semiperiféricos tendem a experimentar versões altamente concentradas de contradições que o capitalismo gera. Por essa razão, eles são particularmente instáveis, mas também são especialmente abertos à experimentação social. Mencionei acima a vitalidade que mostraram em Cancun.

O segundo sistema hierárquico é a linha divisória global/local. O global/local não pode ser sobreposto ao centro/periferia/semiperiferia, e não apenas porque ele é diádico. O centro/periferia/semiperiferia ainda tem um círculo econômico para si; um acento econômico. E quando definimos Brasil, África do Sul e Índia como semiperiféricos, estamos basicamente olhando para sua posição e papel na economia global. Por exemplo, Arrighi define igualmente a semiperiferia pelos níveis do PIB, quer dizer, a existência de um PIB de nível intermediário como característica duradoura do capitalismo global moderno. A linha divisória global/local é, a meu ver, muito mais ampla; ela se expande dentro de muitas áreas da vida social e corta, cruzando o centro, a periferia e a semiperiferia. Isso tem a ver com ideologias, com etnicidades, com discriminações, com culturas, com identidades.

A globalização hegemônica é o que eu chamo de localismo globalizado. Em termos culturais, significa um artefato originalmente local que se administra para globalizar a si mesmo, muito parecido com o que aconteceu com os hambúrgueres do McDonald, originários do meio-oeste dos Estados Unidos. À medida que esses localismos globalizados se desenvolvem, localizam tudo que rivaliza com eles (como a saudável alimentação tradicional de tantas nacionalidades diferentes). Esta última se torna típica, vernacular, a maneira exata de ser igualmente marginalizada ou colocada a serviço da globalização hegemônica. As praias do Haiti, da Tailândia ou do nordeste do Brasil são muito típicas, muito vernaculares, como muitos índios e danças "antigas" para se adequar à indústria de turismo global. A questão chave na linha divisória global/local é: quem localiza quem ou o que? Quando você faz essa pergunta, você está perguntado sobre relações de poder e trocas desiguais.

SLR: Com respeito à idéia de Castells sobre a Sociedade em Rede, onde a hierarquia e o poder desaparecem? Estamos à beira do surgimento de um mundo onde existe a probabilidade de trocas sociais mais iguais?

BSS: Por isso não concordo com Manuel Castells. O subtexto de sua teoria é uma triunfalística concepção de globalização neoliberal, e uma ênfase na interdependência e horizontalidade. Sua teoria sistematicamente contorna a questão das relações de poder desiguais. Esse é muito claramente o caso da educação discutido acima. No mercado global de educação veremos uma grande quantidade de trocas de informações, mas, em que sentido significativo as crianças de Maputo são iguais às crianças de Boston por seguirem o mesmo currículo produzido pela Universidade de Harvard, cuja patente custa um bocado de dinheiro para os pais moçambicanos? A evidência dessas desigualdades estruturais está levando as pessoas a resistir. Eu mesmo propus ao Fórum Social Mundial a criação de uma Universidade Popular dos Movimentos Sociais, uma universidade global de baixo, na verdade uma contra--universidade com o objetivo de reunir ativistas de movimentos sociais e cientistas/ artistas engajados na pesquisa-ação participativa. Você pode consultar a proposta em www.ces.uc.pt.

Outras formas de resistência no campo da educação envolverão uma complexa articulação entre a democracia participativa e a qualificação tecnodemocrática. Precisamos de cidadãos qualificados para as tarefas à frente, mas não de tal maneira que se tornem cidadãos participativos profissionalizados, um perigo que identifiquei no meu estudo sobre o orçamento participativo em Porto Alegre. Por isso tento introduzir Paulo Freire nas idéias de democracia participativa. Sem uma variedade muito ampla de qualificações para o cidadão comum, será impossível promover formas de democracia participativa capazes de ser o elemento organizador por trás das formas contra-hegemônicas de globalização.

SLR: Você vê essa mais ampla variedade de interesses e qualificações como fundamental para uma política de inclusão?

BSS: Sim. Na verdade, acredito que, por exemplo, o Fórum Social Mundial é, entre outras coisas, uma nova epistemologia; uma epistemologia do "Sul". Escrevi um artigo sobre esse assunto que você pode baixar (ver *www.ces.uc.pt*). A globalização hegemônica foi construída pela ciência social convencional (principalmente, economia neoclássica) como um retrato científico, naturalizado apolítico, da sociedade e da transformação social. Em um nível muito mais geral, ao desqualificar conhecimentos alternativos, a ciência moderna ocidental por muito tempo tem sido parte de projetos imperiais. O lado obscuro dos triunfos da ciência é cheio com epistemicidas.

O Fórum Social Mundial simboliza a luta contra essa monocultura do conhecimento em nome de uma ecologia dos conhecimentos, dentro da qual ambos os conhecimentos, científico e leigo, podem coexistir. A premissa básica da ecologia dos conhecimentos é que não existe justiça social global sem justiça cognitiva global. Na Europa, quando falamos sobre ciência do cidadão, estamos falando sobre os novos caminhos nos quais os cidadãos reivindicam suas qualificações, para introduzir debates supostamente técnicos, mas na verdade também políticos, cujos resultados podem afetar suas vidas. Acho que temos que construir qualificações realmente capacitadoras, e para isso temos de criar uma ecologia educacional que não é centralizada na escola, um padrão muito mais amplo de educação que traz essas qualificações para novas formas de interação no nível global, nacional e local, e para os lugares da democracia participativa. A assim chamada "sociedade do conhecimento" é adequada às necessidades do mercado. Precisamos de conhecimentos alternativos para sociedades e sociabilidades alternativas.

SLR: No seu trabalho, você está preocupado com maneiras de identificar o que está oculto da visão. Pode nos dizer mais sobre isso?

BSS: No que eu chamo de sociologia das ausências, o que venho desenvolvendo é precisamente dirigido a mostrar que, na maioria dos casos relevantes, o que é visto como não existindo tem sido efetivamente produzido como não-existente; isto quer dizer, foi tornado ausente por ser suprimido, desacreditado, desqualificado, marginalizado, em suma, por ficar fora das monoculturas epistemológicas e sociais, tais como a monocultura do conhecimento, classificação social, concepção de tempo, escalas dominantes e produtividade. Abrangem um gigantesco modo de produção das ciências, impronunciabilidades e ausências, a maioria no Sul. Um dos mais destrutivos desenvolvimentos nas relações norte-sul desde o século quinze é que o Sul perdeu a capacidade de nomear a si mesmo. Por exemplo, neste momento estou fazendo um projeto em Moçambique, envolvendo diferentes grupos étnicos que chamamos *Makhuwas* e *Shangaans*. Esses nomes foram dados a eles pelos antropólogos coloniais no início do século vinte. Quer dizer, não faz muito tempo. E agora eles vêem a si mesmos como Makhuwas e como Shangaans, o que significa que eles perderam o poder de nomear a si mesmos. A epistemologia do Sul defronta-se, portanto, com uma dupla tarefa, de desconstruir o nome colonial e reconstruí-lo de maneira emancipatória. Esse é um processo lingüístico e cultural crucial que visa dar credibilidade à linguagem alternativa pela qual você se nomeia.

O neoliberalismo vem criando novas formas de ausência devastadoras; ausências que são mais radicais que nunca. Em um passado recente, nos anos 1950, os novos Estados africanos seguiram um de dois caminhos alternativos para o desenvolvimento, alguns seguiram um modelo capitalista de desenvolvimento, e outros um modelo socialista. Apesar do fato de ambos os modelos estarem baseados em maneiras de pensar e práticas eurocêntricas, os africanos foram capazes de adaptá-los criativamente às condições africanas. É verdade que eles também produziram maciças ausências e silêncios, como ficou claro mais tarde. No entanto, foi possível traçar apropriação local autônoma, como se vê em conceitos como "nacionalismo africano" e "socialismo africano". Hoje não faria nenhum sentido falar de neoliberalismo africano. A globalização neoliberal não permite nuance local e apropriação. É por isso que a luta pela língua é tão crucial, porque conceitos como neoliberalismo se tornaram muito predominantes; naturalmente, eles nunca funcionam sem serem apropriados pelas elites locais as elites que lucram com esses processos naturalizam-nos internamente, e então impedem que surjam nominações alternativas da realidade. Nisto repousa outra característica capacitadora do Fórum Social Mundial: promover e dar credibilidade às nominações alternativas.

O outro conceito com o qual estou trabalhando, e que se junta ao conceito de fascismo social, é o conceito de colonialidade do poder, originalmente formulado pelo sociólogo peruano Anibal Quijano. Com isso tenho em vista o fato de que o sistema mundial moderno não é apenas capitalista; é também colonialista na essência. A implicação disso é que o fim do colonialismo não significou o fim das relações coloniais; estas últimas continuam se reproduzindo como desqualificações racistas do outro. O conceito de classe não é suficiente para explicar a variedade e intensidade das trocas desiguais nas sociedades pós-coloniais, pela simples razão de que classe foi, desde o princípio, uma categoria racializada. Portanto, a exploração de classe deve ser integrada numa rede muito mais ampla de relações sociais desiguais e de descontentamentos e sofrimentos que elas promovem. Com base em classe, seria impossível mobilizar os camponeses Adivasi indianos, ou, por sinal, os camponeses indianos em geral, contra as represas no rio Narmada. E esse é o caso da maioria das lutas que convergem no Fórum Social Mundial.

SLR: Quão importante é seu ativismo para seu projeto intelectual?

BSS: É muito importante. Acho que, especialmente no Norte, as ciências sociais deixaram de ser uma fonte de pensamentos novos criativos sobre a sociedade. Além disso, teorias sociais e metodologias convencionais são mais e mais inadequadas para alcançar a inesgotável variedade de formas de fazer o mundo. As idéias e as práticas mais inovadoras estão vindo do Sul. Por exemplo, se você pegar as mais interessantes novas práticas democráticas da Europa, verá que elas são inspiradas pelas experiências em orçamentos participativos no Brasil (Porto Alegre, e muitas outras cidades). Devemos desprovincializar nossas teorias sociais eurocêntricas e norte-cêntricas. Uma vez que teorias não surgem do nada, devemos começar tentando compreender as lutas que estão acontecendo pelo mundo; e, para fazer isso, precisamos nos envolver com diferentes formas de compromisso crítico. A esse respeito, nossa situação e postura diferem consideravelmente daqueles que fundaram a teoria crítica, por todo o século vinte. Por exemplo, se compararmos nosso tempo com os anos 1960 quando muitos intelectuais públicos também se envolveram em lutas sociais e políticas, iremos notar duas diferenças principais. Por um lado, eles estavam então envolvidos em lutas que aconteciam em um pequeno canto do mundo. Agora há um esforço. Não estou dizendo que estamos tendo sucesso especialmente considerando um demandante exercício da sociologia das ausências. Por outro lado, o intelectual público então se viu como o possuidor de um conhecimento privilegiado conhecimento científico ou marxismo científico, um tipo de conhecimento que lhe garantia o status de *avant garde*. Agora não há nenhuma *avant garde*. Não há nenhuma forma de conhecimento a que possamos atribuir, em geral, um privilégio epistemológico. Além disso, como diz o subcomandante Marcos, temos de andar com aqueles que vão mais devagar, não mais depressa. Ao contrário, por exemplo, Bourdieu sempre se viu como parte de uma *avant garde* dotada de uma compreensão privilegiada da realidade social, possibilitada pelo conhecimento científico. Acho que a posição de Bourdieu, não obstante honrosa, não pode ser defendida hoje. Os ativistas não mais toleram fórmulas esclarecidas, especialmente tendo em mente os efeitos destrutivos que comandaram no passado. O intelectual público é um facilitador. É alguém que facilita o contato entre diferentes experiências, diferentes ideologias, diferentes conhecimentos, diferentes aspirações, por justiça social e democracia. Faz isso por trazer para dentro dos movimentos sociais comparações entre países e tradução intercultural. Aqui não há busca por nenhum universalismo abstrato, mas antes por clareza intelectual e por cosmopolitismo contextualizado de baixo para cima; uma compreensão das aspirações similares por dignidade humana e emancipação, formuladas em diferentes línguas e carregando diferentes nomes. A qualidade da contribuição intelectual dos intelectuais engajados repousa em sua capacidade de articular a ecologia dos conhecimentos. Nas novas constelações do conhecimento, teorias de crítica social serão reinventadas, de tal modo que permaneçam incompletas e abertas. Caso contrário, vão deixar de ser modos de ver e se tornar presas do que chamo de epistemologia da cegueira.

Obrigado, Boaventura de Sousa Santos!

Publicações do autor, relevantes para os temas abordados:

SANTOS, Boaventura de Sousa. *A gramática do tempo: para uma nova cultura política*. São Paulo: Cortez, 2006.

SANTOS, Boaventura de Sousa. *Fórum Social Mundial: manual de uso*. São Paulo: Cortez, 2005.

SANTOS, Boaventura de Sousa (Org.). *Conhecimento prudente para uma vida decente. Um discurso sobre as ciências revisitado*. São Paulo: Cortez, 2004.

SANTOS, Boaventura de Sousa. *A universidade do século XXI: para uma reforma democrática e emancipadora da universidade*. São Paulo: Cortez, 2004.

SANTOS, Boaventura de Sousa. Os processos da globalização. In: Santos, B. S. (Org.). Globalização e Ciências Sociais. São Paulo: Cortez, 2002, p. 25-104.

SANTOS, Boaventura de Sousa. *A crítica da razão indolente. Contra o desperdício da experiência, para um novo senso comum*. São Paulo: Cortez, 2000.

SANTOS, Boaventura de Sousa. A queda do Angelus Novus: para além da equação moderna entre raízes e opções. In: *Revista crítica de Ciências Sociais*, 45, p. 5-34, 1996.

SANTOS, Boaventura de Sousa. *A universidade popular dos movimentos sociais*. Disponível em: http://www.ces.uc.pt/universidadepopular/indexen.php.

Somos diferentes, somos iguais:
uma abordagem educativa europeia para os Direitos Humanos

Teresa Cunha e Inês Reis

Sendo que cada vez mais as sociedades humanas são atravessadas por relações sociais, culturais e económicas de uma crescente complexidade, a Educação necessita, não apenas de conhecer o Mundo, mas de fornecer instrumentos de interpretação, inclusão e participação. O diálogo conceptual e pedagógico entre diferentes experiências, conhecimentos e abordagens metodológicas amplifica, de forma significativa, os horizontes e os instrumentos educativos à disposição das pessoas e das sociedades para exercitar e inovar os actos educativos. É neste quadro que se integram as iniciativas de *Educação para os Direitos Humanos* (EDH) que temos vindo a realizar assumindo-as, simultaneamente, como um princípio/critério educativo e como ferramenta da densificação do conceito de Educação numa era de liofilização e de hegemonia do "pensamento único".

Neste artigo é nosso objectivo apresentar e discutir a experiência de um conjunto de actividades de *Educação para os Direitos Humanos* realizadas no âmbito de uma parceria inter-institucional entre o "Conselho da Europa"[1], a "Escola Superior de Educação de Coimbra" (ESEC)[2] e a Organização Não-Governamental para o Desenvolvimento "Acção para a Justiça e Paz" (AJP)[3].

Em primeiro lugar, apresentamos o contexto institucional e político no qual surge o *Programa Europeu de Educação para os Direitos Humanos* promovido pelo Conselho da Europa e no qual se ancoram as experiências realizadas.

---

[1] O Conselho da Europa é uma organização inter-governamental que reúne 46 países Europeus e cujas finalidades centrais são a coesão social Europeia e a promoção e a salvaguarda dos Direitos Humanos e da Cidadania Europeia. Para mais informações consultar a página: www.coe.int.

[2] A Escola Superior de Educação de Coimbra faz parte do Instituto Superior Politécnico de Coimbra sendo responsável pela formação de professoras/es do ensino básico e secundário. Em Portugal, o Ensino Superior divide-se em dois sistemas, o Universitário e o Politécnico. Para saber mais, consultar a página: www.esec.pt.

[3] A Acção para a Justiça e Paz é uma ONG cuja finalidade principal é a criação de uma cultura de Paz. Desenvolve vários programas de formação, Educação Popular e Educação não-formal junto de variados públicos, nomeadamente mulheres. Pertence ao Movimento Internacional 'Marcha Mundial das Mulheres'. Para saber mais consultar a página: www.ajpaz.org.pt.

[4] Os materiais produzidos pela Direcção de Juventude do Conselho da Europa são Manuais e Kits

Em segundo lugar, interessa-nos abordar e problematizar epistemologicamente a EDH. Esta reflexão retoma, necessariamente, alguns dos debates mais interessantes sobre questões como o conceito de Dignidade Humana e a sua irredutibilidade a um só modelo. Procuramos uma visão profundamente marcada por uma interculturalidade de alta intensidade, crítica e disruptiva com o chamado pensamento único da universalidade do paradigma liberal dos Direitos Humanos.

Na terceira parte analisaremos a EDH como Educação ao Longo da Vida que toma a pessoa humana na sua globalidade e, por isso, se orienta por uma pedagogia, crítica, capacitadora e de longo prazo. Valorizando e utilizando os conhecimentos e as competências de cada pessoa ou de cada comunidade, promove projectos de formação de relevante significado pessoal e social. Neste sentido, a EDH implica uma abordagem epistemo-metodológica inclusiva e que privilegia a aprendizagem cooperativa, experiencial e intercultural.

Em último lugar, é nosso objectivo apresentar e discutir os objectivos e as pedagogias concretas que temos vindo a implementar e avaliar num processo de aprendizagens múltiplas e mútuas entre educadoras/es, professoras/es, estudantes, lideranças de organizações sociais e trabalhadoras/es sociais.

No eito de Paulo Freire, a EDH que promovemos e queremos discutir corresponde a processos de *humanização*, *democratização* das subjectividades e das relações inter-subjectivas e a intensificação de práticas democráticas estruturantes de uma cidadania participativa e ampla. Na verdade, a *dialogicidade* da pedagogia freiriana assenta na imbricação entre a educação e a transformação social e a possibilidade de "reconhecer" a(s) outra(s) pessoa(s) na sua inalienável dignidade e é essa extraordinária possibilidade que nos interessa compreender e aprofundar.

Educar para os Direitos Humanos é, assim, uma relação privilegiada entre ética, cultura e política que transforma a heterogeneidade cultural e cognitiva num potencial de transformação, de re-interpretação das realidades e numa busca permanente de alternativas negociadas, responsáveis e sustentáveis abrindo lugar a outros pensamentos e paradigmas educativos.

O Programa Europeu de Educação para os Direitos Humanos

A Direcção de Juventude do Conselho da Europa tem hoje uma reconhecida experiência e reputação no que diz respeito à inovação pedagógica no âmbito da Educação não-formal e no desenvolvimento editorial de materiais educativos que são concebidos para poderem ser usados em diversos contextos e por diferentes públicos[4]. O trabalho que tem vindo a desenvolver e a realizar ao longo das últimas três décadas tem cinco âmbitos principais. Por um lado, a promoção da participação e

Educativos, Revistas e Livros que são acessíveis em várias línguas e gratuitamente na seguinte página: www.coe.int/Compass.

[5] Para conhecer mais sobre esta campanha consultar o site http://alldifferent-allequal.info/.

formação políticas de educadoras/es, líderes juvenis e trabalhadoras/es sociais através da criação de sistemas de co-gestão política dos seus órgãos de direcção e decisão; a organização, lançamento e disseminação de campanhas Europeias como a "all different all equal"[5] contra a intolerância, o racismo e a xenofobia; em terceiro lugar, programas de formação de curta e longa duração, sessões de estudo, simpósios e fóruns; uma actividade editorial interessante e notável criando um *corpus* de conhecimento próprio acerca da Educação e Juventude; por último, a criação de sistemas de apoio e incentivo a iniciativas educativas locais. Todo este trabalho tem vindo a contribuir de forma decisiva para o reforço associativo de base, o aparecimento e desenvolvimento de projectos educativos não-formais com impacto nas comunidades locais em toda a Europa e para a redefinição do que significa "ser Europeu" na nossa época.

De entre os grupos e pessoas que têm participado, ao longo de todo este período, nos programas educativos da Direcção de Juventude do Conselho da Europa muitas e muitos desenvolvem projectos, mais ou menos específicos, na área dos Direitos Humanos. A década de 90 do século passado foi, para a Europa, um período significativo de mudanças e questionamentos de fundo e que pôs na agenda social e educativa das pessoas, grupos e organizações novas questões relacionadas com o político e com os Direitos Humanos. A conjuntura e a ausência de programas educativos direccionados para os problemas levantados pelos Direitos Humanos no emergente contexto Europeu conduziu o Conselho da Europa a promover um debate interno que veio a permitir a construção de respostas mais pertinentes e adequadas neste domínio. O 50º aniversário da *Convenção Europeia dos Direitos Humanos*[6] no ano 2000 foi o momento considerado apropriado para lançar um programa educativo Europeu que colocou no centro do seu trabalho a questão da Dignidade e Direitos Humanos. Com a cooperação e patrocínio do "Fundo Europeu de Solidariedade para a Mobilidade da Juventude" e a "Fundação Europeia para a Juventude" foi lançado pelo Conselho da Europa o *Programa Europeu de Educação para os Direitos Humanos*. Os objectivos deste programa (concebido para ter a duração de três anos e que foi, depois, alargado para cinco) afirmavam ser essencial formar jovens de toda a Europa, de origem Europeia ou não, desenvolver metodologias inovadoras em EDH e problematizar e reflectir sobre a diversidade intrínseca das sociedades Europeias (GOMES, 2005).

Este programa desde o seu início procurou estabelecer parcerias que permitissem alargar o seu impacto e visibilidade, assim como ampliassem o seu campo de trabalho pedagógico e analítico. A equipa responsável tomou a decisão de privilegiar a parceria e o diálogo, por um lado, com os grupos e as organizações de juventude e o Fórum Europeu da Juventude; por outro lado, com os governos e autoridades locais de toda a Europa; por fim, estabelecer uma ponte com as agências especializadas das nações Unidas para a questão dos Direitos Humanos como o "Alto Comissariado para os

---

[6] Este documento poder ser consultado em www.hri.org/docs/ECHR50.html

[7] United Nations Educational, Scientific & Cultural Organization.

[8] United Nations Children's Fund.

Direitos Humanos", a UNESCO[7], a UNICEF[8] ou ainda o UNIFEM[9].

Tendo como público prioritário a juventude Europeia, este programa constitui-se em volta da realização de vários tipos de actividades de âmbito Europeu abordando diferentes temas, como a violência contra as mulheres, o tráfico de seres humanos, a participação e a cidadania. Foram organizados Fóruns, Cursos de Formação, foi publicado o Manual "COMPASS A Manual on Human Rights Education with Young People", foi criado um Centro de Recursos Europeu de EDH e uma página web especializada. É interessante notar que a edição do Manual "COMPASS" teve um enorme êxito, estando traduzido em 17 línguas diferentes e tendo apoiado inúmeras iniciativas educativas, sendo hoje um material educativo de referência nesta área. Estas iniciativas de nível Europeu não cobriam, no entanto, a necessidade de formar mais pessoas nos seus contextos concretos. Sendo que uma das prioridades era que o programa pudesse ter impacto directo nas bases, foram mobilizados fundos financeiros para financiar cursos de formação de âmbito nacional ou regional que foram igualmente apoiados através de serviços de consultoria e monitorização com especialistas em Educação do Conselho da Europa. Finalmente, foi aberta uma linha de financiamento para projectos-piloto que se apresentassem com um carácter marcadamente inovador, com um claro potencial de impacto local e capazes de disseminar a EDH e os materiais produzidos pelo Conselho da Europa.

Durante a 7ª Conferência Europeia de Ministros da Juventude em 2005, a importância do trabalho desenvolvido pela Direcção de Juventude em parceria com a Direcção da Educação e a dos Direitos Humanos do Conselho da Europa foi posta em evidência. Em consequência, foi proposto que se preparasse uma recomendação para o Conselho de Ministros dos Estados-Membros sobre a *Educação para os Direitos Humanos* e a necessidade da sua continuidade e aprofundamento no sentido do fortalecimento da coesão social da Europa, a cooperação entre as várias instituições europeias e como instrumento de prevenção de violência. Esta proposta consubstancia o reconhecimento formal da importância do trabalho desenvolvido pelo Conselho na área da EDH nos últimos anos reafirmando que a importância da Educação para os Direitos Humanos deriva da convicção de que *ensinar os Direitos Humanos é um meio valioso para assegurar que os direitos são efectivamente protegidos* (Council of Europe Committee of Ministers, 1978).

Tendo como contexto institucional mais amplo a Década para os Direitos Humanos (1995-2004), o programa Mundial para os Direitos Humanos (2005-2007) das Nações Unidas, o mandato claro do Comissário para os Direitos Humanos do Conselho da Europa no que concerne à promoção da educação e à sensibilização para os Direitos Humanos em todos os Estados-Membros, a Direcção de Juventude do Conselho apoiou-se na Recomendação do Comité de Ministros (Council of Eu-

---

[9] United Nations Fund for Women.

[10] Na linha de outros pensadores críticos, dos quais se destacam Enrique Dussel e Valter Mignolo.

[11] A hermenêutica diatópica é um conceito central na abordagem de Santos (2002, p. 262) que invoca a incompletude constitutiva de todas as configurações culturais, tal como os seus modos de conhecimento.

rope Committee of Ministers, 1985), na Recomendação da Assembleia Parlamentar 1346 (Parliamentary Assembly, 1997) e na Recomendação sobre a promoção e reconhecimento da educação não-formal (Council of Europe Committe of Ministers, 2003) para dar continuidade à experiência desenvolvida pelo *Programa Europeu de Educação para os Direitos Humanos*.

Para além deste quadro de trabalho de carácter institucional é certo que na Europa alguns acontecimentos agudizaram a percepção e o debate sobre os Direitos Humanos. À medida que a Europa se confronta com problemas novos para os quais a ideia normativa universal dos Direitos Humanos parece ser uma resposta concretamente incapaz e inadequada, a urgência de actuar pela Educação parece ganhar novo fôlego. A democracia liberal representativa estendeu-se a uma esmagadora maioria dos países Europeus nos últimos 15 anos tendo sido um dos critérios fundamentais para a inclusão destes Estados nas duas organizações internacionais mais importantes da Europa: o Conselho da Europa e a União Europeia. Este facto trouxe consequências que ainda estão por avaliar completamente no que diz respeito à criação de novas relações internacionais e inter-governamentais, a emergência de novas culturas de relacionamento político, a clarificação das potencialidades e das dificuldades do chamado "Modelo Social Europeu" que pretendia conjugar harmoniosa e virtuosamente a coesão social, a justiça social para todas/os com um desenvolvimento económico sustentável e competitivo.

Contudo, a guerra e os conflitos nos Balcãs e na Chechénia, as novas correntes migratórias dentro da própria Europa que empurraram muitas populações do Leste Europeu para o centro, criando novas paisagens humanas e forjando novas relações sociais, as migrações que provêm fora da Europa e que a obrigam a problematizar o seu papel no mundo e as suas visões mais canónicas de Dignidade e Direitos Humanos, a crescente instabilidade e conflitualidade na bacia do Mediterrâneo, da qual a Europa também faz parte e com a qual se relaciona problematicamente e com preconceitos, a globalização neo-liberal e a crise do Estado Social Europeu que vulnerabilizou e levou à pobreza milhões de pessoas, os crescentes fundamentalismos religiosos de índole cristã ou muçulmana, o aumento de novos tipos de violência como aquela que a França experimentou em 2005, a emergência de uma globalização dos movimentos sociais, a participação da Europa na guerra contra o Iraque, são, entre outros, factos que ajudam a entender esta preocupação com a *Educação para os Direitos Humanos*, assim como podem contribuir para a sua problematização e crítica.

Após a participação como especialistas no "Forum on Human Rights Education" e em várias iniciativas Europeias de Formação, algumas pessoas ligadas à ESEC e à AJP decidiram constituir-se em equipa e apresentar as suas próprias candidaturas de projectos-piloto para a realização de Formação em EDH ao nível Nacional e Ibérico. Até este momento, esta equipa já realizou cinco Cursos, tendo participado nestes mais de 120 jovens professoras/es, educadoras/es e trabalhadoras/es sociais. É pois todo este contexto, que abriu caminho para a emergência das iniciativas desta equipa de formação, que pretende também produzir a sua própria crítica interpretativa acerca da ideia de Europa, da Dignidade Humana, Direitos Humanos e Educação.

As racionalidades de uma Educação Crítica para os Direitos Humanos.

Quando Boaventura de Sousa Santos[10] faz a crítica da *razão metonímica* (2002, p. 241-253), alerta-nos para o facto de que a razão ocidental saída do Iluminismo europeu toma como totalidade o que são apenas partes, ou seja, aquilo que a razão ocidental vê e compreende é apenas uma parte da diversidade, potencialmente infinita, dos conhecimentos e das racionalidades existentes no mundo. Esta razão, ainda segundo o mesmo autor, é simultaneamente indolente e arrogante. Indolente, porque repousa na presunção de que é uma totalidade e como tal não necessita de se manter curiosa e em busca de novos paradigmas ou outras racionalidades; arrogante, porque se auto-classifica de *universal*, despromovendo todos os outros conhecimentos a resíduos não-científicos, parciais e incompletos.

É interessante ainda referir as reflexões teóricas sobre justiça cognitiva de Paula Meneses, que afirma que a capacidade da ciência moderna de *localizar* os conhecimentos que não são produzidos no seu seio, separa a acção dos seus autores, vulnerabiliza, torna frágil e invisibiliza o resto do mundo epistemológico (SANTOS; MENESES; NUNES, 2004). Podemos dizer, com base neste quadro analítico, que a modernidade criou formas de poder dizer e limitou os objectos do conhecimento ao que podia ser dito e sancionado pelo seu *olho normalizador*. À pretensão de universalidade chamam Santos, Meneses e Nunes (2004, p. 19-101) a *epistemologia da cegueira*, designando assim aquela que exclui, ignora e silencia todos os outros conhecimentos e racionalidades. Opõem-lhe a *epistemologia da visão* como sendo aquela que postula que os conhecimentos presentes no mundo são potencialmente infinitos e, como tal, é necessário colocá-los em relação e estabelecer entre eles uma hermenêutica diatópica[11].

É com base neste quadro analítico-teórico que procuramos discutir a EDH como um desafio em termos epistemológicos e metodológicos que nos possa conduzir à inovação educativa com base numa ética responsavelmente plural.

Ao definirmos a EDH como um pluriverso constituído por

> todas as actividades educativas (formais e não-formais) que visam a promoção da igualdade e Dignidade Humanas, a aprendizagem intercultural e respeitadora das diferenças, a participação e a capacitação cidadã das minorias, a paridade entre mulheres e homens, a construção de uma sociedade e cultura justas e pacíficas, bem como a criação de um ambiente saudável capaz de gerar e alimentar a vida,

---

[12] Como é de notar, utilizamos em grande parte o conceito de Desenvolvimento Humano que tem vindo a ser teoriza do e aplicado pelo Programa das Nações Unidas para o Desenvolvimento (PNUD). Ver a este propósito, UNDP (2005). No entanto, acrescentamos a este conceito a ideia de eticidade responsável inerente à condição e possibilidade de emancipação de todos os seres humanos.

[13] É interessante notar como Leonardo Boff aborda esta tarefa: "Ethos" em seu sentido originário grego

estamos a fazer emergir e a desenvolver cinco tipos de racionalidade que estão em condições de se constituírem como o fundamento de uma EDH que inaugura um entendimento novo sobre a Educação e a Dignidade Humana.

As dinâmicas criadas e alimentadas pelo convívio dialógico de diferentes racionalidades são a condição de possibilidade para se enfrentar a complexidade e a diversidade do mundo contemporâneo. Ao mesmo tempo, elas procuram soluções situadas e relevantes para os desafios colocados na vida das pessoas e das comunidades humanas no sentido de aumentarem a sua capacidade de escolha, o seu acesso aos direitos e ao bem-estar, ao desabrochamento pessoal e social e à ampliação da sua ética de responsabilidade num mundo frágil e interdependente[12].

Racionalidade cosmopolita

Em primeiro lugar, é necessário a este conceito de EDH o exercício de uma "racionalidade cosmopolita" (DUSSEL, 2000; SANTOS, 2002; PUREZA, 2003), ou seja, aquela que reconhece e aprecia a diversidade e que, para além disso, a considera constitutiva de uma visão de Dignidade Humana responsável e por isso é, profundamente não-racista.

Estamos certas de que todas as culturas possuem visões de Dignidade Humana que podem ser, ou não, consonantes com aquelas que têm vindo a ser formalizadas pelos normativos internacionais nas últimas décadas. Efectivamente, esta "racionalidade cosmopolita" não defende a indiferença perante a diversidade cultural. Pelo contrário, ela intensifica a atenção epistemológica no sentido de reconhecer a presença de pluriversos, ou seja, constelações culturais diferentes, e resgatar de cada um desses pluriversos o que pode ser mobilizado para ampliar e enriquecer a noção de Dignidade Humana. Por exemplo, enquanto que a noção hegemónica de Direitos Humanos se funda na noção de pessoa humana individual única e livre, as culturas ameríndias alertam-nos para a necessidade de ver a pessoa humana individual situada e interdependente de uma comunidade que, por sua vez, se sustenta numa matriz que inclui outras criaturas. Neste sentido, a natureza não é vista como um mero recurso, mas como uma parte fundamental da noção de Dignidade Humana (SANTOS, 1999).

A "racionalidade cosmopolita", ao identificar um silêncio na norma com a qual trabalhamos, permite-nos aplicar uma hermenêutica crítica sobre a pretensa universalidade da primordialidade da individualidade e amplificar, deste modo, o nosso ideário conceptual de Dignidade Humana. Utilizando as palavras de Boaventura de Sousa Santos, a "racionalidade cosmopolita" é aquela que não desperdiça pessoas, conhecimentos nem experiências (2002) e, por isso, aumenta e densifica

---

significa a toca do animal ou casa humana, vale dizer, aquela porção do mundo que reservamos para organizar, cuidar e fazer nosso habitat. Temos que reconstruir a casa comum a Terra para que nela todos [as] possam caber. (1999, p. 27).

[14] Nem sempre o sexo biológico coincide com a construção social dos atributos que lhe correspondem e é por isso que se fala de relações de género como sendo aquelas resultantes das construções sociais que determinam os papéis, características de um determinado sexo. Simone de Beauvoir foi uma das

as possibilidades de a Humanidade se encontrar e encontrar respostas adequadas e harmoniosas para que todas as pessoas e comunidades tenham o seu lugar no nosso Mundo.

Racionalidade cidadã

Em segundo lugar, este conceito de EDH implica uma "racionalidade cidadã" (Freire, 1975; Shirin, 1996; Oruka, 1997), ou seja, aquela que vincula a actividade educativa ao aumento efectivo da emancipação, seja esta individual ou colectiva. Paulo Freire já nos havia alertado desde os anos 70 do século passado para o facto de que a acção educativa e o pensamento educativo devem ser actos de "consciencialização", isto é, de uma articulação forte e indispensável entre o pensamento e a acção. Ele acrescenta que esta acção deve ser transformadora porque deve criar as condições para que a dialogicidade entre actores e actrizes sociais aconteça e com ela as relações de opressão se tornem visíveis, se transformem e desapareçam.

Não existe cidadania sob qualquer tipo de opressão porque esta impede que a pessoa e/ou a comunidade possam exercer plenamente o poder da escolha e da mudança. Tanto Paulo Freire como Henry Odera Oruka, entre muitas/os outras/os autoras/es, oferecem-nos a possibilidade de pensar a EDH como um *continuum* virtuoso entre pensamento e acção como instrumento de libertação, justiça, inclusão e, através de tudo isto, de construção de uma cidadania efectiva. A "racionalidade cidadã" permite-nos criar, no âmbito da EDH, as atmosferas educativas necessárias para que cada pessoa/comunidade reforce os seus sentidos de pertença, de identidade e de responsabilidade através do seu pensamento e do carácter performativo da acção educativa. A "racionalidade cidadã" desenvolve uma noção de educação capaz de reorganizar a vida de uma comunidade na qual cada pessoa, sem prescindir da sua especificidade, encontra o seu lugar e se sinta interessada em participar no destino e bem comuns. Sem desligar o pensamento da acção e ligando um e outra à transformação concreta das condições de vida das pessoas, a "racionalidade cidadã" não reduz a cidadania à relação frágil e por vezes mutuamente desresponsabilizante da pessoa com um ou mais Estados. Pelo contrário, aumenta o *campus* de acção, resistência e de construção de alternativas. A cidadania passa a ser entendida como uma relação recíproca e plural de responsabilização na qual o Estado e cada pessoa/comunidade têm um papel a desempenhar.

Racionalidade ecológica

Em terceiro lugar, a EDH requer uma "racionalidade ecológica", no sentido de não separar a comunidade humana da sua matriz de sustentação que é a Terra e as criaturas que a povoam (Boff, 1999; Mies; Shiva, 1993).

Como dissemos atrás, a Dignidade Humana é um conceito que só adquire sentido situado no espaço e no tempo. Seria impossível entendermo-nos sem o contexto em que radica a nossa história, o nosso entendimento do mundo, os nossos conhecimentos e as nossas tecnologias de convivência. Ao falarmos de contexto, não podemos alienar à invisibilidade o conjunto complexo de seres e criaturas não-humanas que fazem parte dele e que estão em permanente contacto e interacção connosco. Ao reduzir a natureza a um mero recurso explorável e controlável (STENGERS, 1997; SANTOS, 1999), abriu-se o caminho à ideia da possibilidade de exploração e dominação e, no limite, ao desaparecimento. É deste modo que a natureza passou a constituir-se como uma exterioridade sobre a qual a Humanidade poderia agir sem limites. Hoje, a nossa experiência empírica e a reflexão crítica mostram-nos com clareza que a natureza está longe de estar entendida e dominada pela razão científica moderna e que a sua exploração enquanto mera matéria-prima nos tem conduzido ao esgotamento de recursos essenciais à vida humana, como por exemplo a água potável, o ar limpo e a biodiversidade.

É neste sentido que procuramos densificar o conceito de *Direitos Humanos* e de *Dignidade Humana* através de uma "racionalidade ecológica" que religue o humano e a natureza, não numa relação mística, mas numa de cuidado e atenção epistemológica. Esta racionalidade não procura apenas a preservação ou a conservação da natureza, mas a transformação de um paradigma de exploração ilimitada para um paradigma de cooperação e cuidado (BOFF, 1999, p. 27)[13]. A "racionalidade ecológica", no âmbito da EDH, procura re-estabelecer como um dos seus fundamentos as ideias de interdependência e de respeito entre o social e o natural. Ao educar para a Dignidade Humana através de uma "racionalidade ecológica" está-se, com certeza, a aumentar as possibilidades de vida e de reorganização subjectiva e societal que permitam manter uma relação de harmonia entre as pessoas humanas e as demais criaturas do mundo. É também esta "racionalidade ecológica" que abre caminho a um conceito de desenvolvimento que não se baseie na mera apropriação dos recursos da Terra, mas na sua utilização partilhada e sustentada.

Racionalidade não-sexista

O conceito de EDH assenta ainda no desenvolvimento de uma "racionalidade não-sexista", ou seja aquela que não exclui em ordem do sexo e do género[14], mas que reclama para si todas as aprendizagens sociais úteis à vida (REARDON, 1985; MOHANTY, 1991; RUDDIK, 1995; MIES & SHIVA, 1993). Os estudos feministas têm vindo a demonstrar que as sociedades têm produzido ao longo de milénios de História sistemas de discriminação com base no sexo. O sexismo é pois um sistema de relações de poder desiguais e hierárquicas, baseadas no controlo do género masculino sobre o género feminino. *Naturalizando* profundamente a inferioridade socialmente construída e

principais conceptualizadoras do conceito de género (BEAUVOIR, 1975, p. 11; 67).

[15] Ou de todos os seres humanos que não cumpram o papel social atribuído ao género masculino. Assim, o sexismo não é apenas ginofóbico, mas também discriminatório de todos os seres vulneráveis, como crianças, pessoas idosas, pessoas com diferentes incapacidades, estilos de vida ou opções sexuais, independentemente de terem nascido mulheres ou homens.

atribuída às mulheres[15], através de um substantivo feminino aprisionado entre os muros apertados de um papel social subalterno, o sexismo conta contudo com as mulheres para se reproduzir e reproduzir todas as suas discriminações. Nas palavras de Maria de Lourdes Pintasilgo, o sexismo não

> concede a igualdade entre as pessoas [e] não se institucionaliza sem conceder ao sexo discriminado um certo número de pseudo privilégios tendentes a camuflar a injustiça. (PINTASILGO, 1981, p. 22)

Uma Educação para os Direitos Humanos tem que postular uma Dignidade Humana que realize todas as pessoas e promova relações de paridade entre os sexos como garantia de respeito por todas e todos na resolução dos problemas humanos. Neste sentido, a EDH que desenvolve uma "racionalidade não-sexista" está em condições de se tornar num instrumento privilegiado de transformação e emancipação alterando as relações desiguais de poder através da democratização das subjectividades, da desconstrução da naturalização dos géneros e da experimentação de novos espaços e modos de cidadania fundados na ideia de que a Humanidade é, inalienavelmente, constituída por mulheres e por homens. A Dignidade Humana que defendemos é também a recusa dos danos provocados pelo sexismo, seja na esfera privada, seja na esfera pública, tanto na linguagem como na educação. A igualdade entre mulheres e homens não procura a indiferenciação mas, pelo contrário, a assumpção de que as diferenças não devem descaracterizar ou subalternizar.

e) *Racionalidade pacífica.*

Por fim, parece-nos que o conceito de EDH e de Dignidade Humana com o qual trabalhamos implica uma "racionalidade pacífica", ou seja, uma racionalidade que não assenta na polarização, mas na construção de relações mutuamente capacitadoras. Como nos chama a atenção Johan Galtung, não há culturas intrinsecamente violentas ou totalmente violentas, mas sim aspectos delas que são violentos, e é para esses aspectos que devemos voltar a nossa reflexão e acção educativa para os deslegitimar e transformar positivamente (GALTUNG, 1996). A fenomenologia comunicativa permite-nos pensar que as pessoas são mais aptas e mais competentes para a paz do que para a violência (GUZMÁN, 2001, p. 17) o que nos conduz a afirmar que uma "racionalidade pacífica" é aquela que nos permite descobrir com maior rigor e eficácia os modos de resolução pacífica dos conflitos existentes em cada cultura e aumentar, desse

---

[16] Neste contexto, há dois conceitos centrais para M. Gandhi: satyagraha e ahmisa. O primeiro tem a sua raiz etimológica na palavra hindisatya, que quer dizer verdade e que deriva de uma mais antiga sat, que quer dizer ser. No entanto, o significado que lhe é atribuído por Gandhi é verdade-força e resistência não-violenta (GANDHI; STROHMEIER, 1999, p. 50). O segundo, tem a sua origem em himsa, que quer dizer violência, ao qual se acrescenta a sua negação, a, sendo ahimsa a não-violência (GANDHI; STROHMEIER, 1999, p. 77).

[17] Embora marginal ao tema deste artigo assinalamos a necessidade de referir que é necessário fazer um trabalho de desocultação das raízes daquilo que hoje designamos de Educação não-formal e que parecem beber do ideário rousseauniano, das propostas pedagógicas do movimento da Escola Nova (Dewey, Claparède, Ferrière, Cousinet, Montessori, Decroly, Freinet...) e da pedagogia institucional

modo, o nosso acervo cultural e material de relações justas e não-violentas. Esta "racionalidade pacífica" preconiza e privilegia a pluralidade (não a fragmentação) de sentidos e sujeitos; a distanciação entre sujeito e objecto do conhecimento perde a sua hegemonia para denunciar o carácter eminentemente articulado de quem pensa-fala-age. Por fim, esta "racionalidade pacífica" sublinha a interdependência dos conceitos e das práticas fundando uma epistemologia da Dignidade Humana assente numa ética plural e complexa disruptiva relativamente a cosmologias ou sistemas de pensamento autoritários e pessimistas acerca da pessoa humana.

Inspirando-nos nas ideias de Mahatma Gandhi[16] defendemos que só a presença de uma "racionalidade pacífica" no contexto da EDH pode fazer emergir um aumento da consciência social sobre o que tem que ser mudado, operacionalizando comportamentos e atitudes de tolerância à ambiguidade, de negociação, honra, verdade e respeito integral por cada pessoa, comunidade e criatura.

Procurámos analisar a partir da crítica da razão indolente que em cima se apresentou um conjunto de propostas teóricas que, por um lado, procuram compreender analiticamente os desafios colocados hoje pela EDH e, por outro, lançam bases epistemológicas para a inovação e a emergência de *outras* práticas educativas que se baseiam na densificação dos conceitos de *Dignidade Humana* e *Democracia*.

A Educação formal e não-formal e a Educação para os Direitos Humanos

Do nosso ponto de vista, seguindo o pensamento de Paulo Freire, a Educação que procuramos desenvolver e que queremos discutir corresponde a processos de *humanização*, de *democratização* das subjectividades e das relações inter-subjectivas e a intensificação de práticas democráticas estruturantes de uma cidadania participativa e ampla. Na verdade, a *dialogicidade* da pedagogia freiriana assenta na imbricação entre a educação e a transformação social e a possibilidade de "reconhecer" a(s) outra(s) pessoa(s) na sua inalienável dignidade. Esta é a sua extraordinária possibilidade que nos interessa compreender e aprofundar.

> *Educar* é, assim, uma relação privilegiada entre ética, cultura e política que transforma a heterogeneidade cultural e cognitiva num potencial de transformação, de re-interpretação das realidades e numa busca permanente de alternativas negociadas, responsáveis e sustentáveis abrindo lugar a outros pensamentos e paradigmas educativos.

(Rogers, Lobrot...) surgidas num contexto de renovação da educação formal como alternativas epistemo-metodológicas à pedagogia tradicional. Em trabalhos posteriores, planejamos abordar esta temática.

[18] Iniciada por John Dewey nos anos 20 do século passado.

[19] Continuada por Kurt Lewin nos anos 40 do mesmo século.

[20] Cujo representante mais conhecido é Carl Rogers.

[21] A de Paulo Freire.

Partimos da assumpção de que a Educação se alicerça em cinco fundamentos.

a) O primeiro consiste em entender e perspectivar *a Educação como acção para o desenvolvimento humano e para a formação das pessoas enquanto sujeitas/os*.

A finalidade maior da acção educativa é ajudar no desenvolvimento mais pleno dos seres humanos, na sua humanização e na sua inserção crítica na dinâmica da sociedade de que fazem parte. Ver a educação como *formação humana* implica que nos ocupemos com questões fundamentais da Pedagogia, como sejam: – Como formar o ser humano mais pleno? – Como ajudar a formar novas/os sujeitas/os sociais? – Que dimensões devem ser incluídas no projecto de educação destas pessoas? – De que aprendizagens específicas necessitam as/os educandas/os, as pessoas, os grupos que participam nas formações propostas?

b) O segundo implica que a/o educador/a assuma a necessidade de *compreender e de trabalhar as matrizes básicas da formação das/os sujeitas/os em processo formador*.

Os sujeitos humanizam-se ou desumanizam-se sob condições materiais e sob relações sociais bem determinadas. É nos mesmos processos em que se produz a nossa existência que também nos produzimos como seres humanos. É por isso que um/uma educador/a precisa de compreender como cada uma das pessoas e dos grupos com quem trabalha se vem *formando* (ou *deformando*) através das suas relações de pertença, de convivialidade, de trabalho, da sua cultura, da violência e do modo como resiste a situações de opressão, de miséria, de dominação, e das lutas e dos movimentos sociais em que participa.

c) O terceiro fundamento em que apoiamos o nosso conceito de Educação é a necessidade de *provocar o debate sobre a própria Educação entre as diversas pessoas participantes nos processos formadores*.

Nem todas as pessoas compreenderam já que podem interferir no percurso da sua Educação. Ser educador/a é ajudar a colocar as questões da Educação na agenda de cada uma das pessoas, dos grupos, das comunidades, dos movimentos sociais e de outras organizações. Discutir o direito à Educação, mas também o modo de construir uma pedagogia que forme e cultive identidades, auto-estima, valores, memória, saberes; que trabalhe com os processos educativos de continuidade, mas também de ruptura cultural; de enraizamento e de projecto; de olhar para o passado, mas construindo novas possibilidades de futuro.

d) Um quarto fundamento é o entendimento de que a Educação também é cultivo, é intencionalidade, é acompanhamento, é persistência, é *aprender e ajudar no cultivo da pedagogia do cuidado com a/da Terra*.

Ver a Terra como sendo de todas e todos e que todas/os podem beneficiar dela é reeducar-se e educar as pessoas em processo formador na sabedoria de se verem como guardiãs desta matriz essencial. Saber respeitar todas as criaturas, cuidar da Terra, cuidar da água, lutar pela soberania alimentar é também cuidar dos seres humanos. Aprender a tratar as sementes como *Património da Humanidade*, porque são de todas e de todos, e os conhecimentos e as tecnologias a elas associadas como *Matrimónio da Humanidade* porque nos ligam e nos sustentam, são pedagogias estruturantes para as respostas que devemos construir colectivamente nos dias de hoje.

e) O quinto fundamento é *deixar-se educar pelas/os outras/os e pelo processo de Educação*.

Participar dos processos de humanização, identificar-se com projectos utópicos enquanto *inéditos viáveis* (FREIRE, 1975, p. 135) é um desafio de nos fazermos pessoas construindo-nos nas nossas práticas que requerem um devir e sentidos cada vez mais enraizados num outro futuro porque aquele que nos é anunciado não serve a nossa mais ampla humanidade. Ser exemplo dos valores que emergem de práticas de convivialidade e de resistência, solidariedade, espírito de cooperação e persistência fazem parte da ideia de aprender a aprender. Segundo as palavras de Roseli Salete Caldart (2002, p. 133), *é preciso sempre aprender a ser educadora/or; é preciso jamais deixar de ser educanda/o*.

É a partir destes pressupostos que pensamos a Educação, formal e não-formal, como o conjunto de acções educativas pensadas com a finalidade de desenvolver pessoal e socialmente as/os sujeitos, através da intervenção sobre as suas competências e respectivos processos de desenvolvimento em contextos variados. Deste modo, justifica-se que o nosso entendimento de Educação configure uma perspectiva de *aprendizagem ao longo da vida* como sendo um processo alargado às várias esferas da vida de cada pessoa. A UNESCO afirma que a Educação deve sublinhar a *experiência vivida no quotidiano* e ainda que *a educação durante toda a vida é o produto de uma dialéctica de várias dimensões* (DELORS, 1996, p. 92).

Eis o marco teórico do qual temos vindo a defender o interesse e a necessidade de fazer inter-agir de forma articulada a Educação formal e a não-formal. Colocar instituições e organizações diversas em diálogo, estudar e experimentar cooperativamente, encontrar e construir espaços e atmosferas educativas múltiplas que permitam aprendizagens cognitivas e também experienciais acerca da Dignidade Humana tem

---

[22] Mediante a parceria estabelecida com o Centre for Intercultural Music and Arts.

sido uma tarefa central na nossa reflexão. Para tal, temos vindo a aprofundar e a estabelecer algumas bases conceptuais da Educação não-formal de modo a fundamentar e a reforçar as pontes que procuramos implementar na formação de professoras/es com a formação de outras/os actrizes/actores educativas/os e sociais.

Para o nosso propósito interessa recordar que o debate sobre a Educação não-formal e a sua importância na vida de todas/os é longo e tem vindo a reforçar a ideia de que a Educação não-formal deve ser reconhecida como um *campus* educativo próprio e que se deve constituir enquanto um direito à validação de competências e conhecimentos adquiridos e consolidados fora dos sistemas formais de Educação e Ensino. A Assembleia Parlamentar do Conselho da Europa adoptou, em 2000, a recomendação 1437 sobre a Educação não-formal[17] sublinhando que esta é um processo de aprendizagem centrado na/o educanda/o em contextos sociais diferenciados, através de actividades fora do sistema de ensino formal, se baseia na motivação intrínseca da/o educanda/o e é voluntária e não-hierárquica. Esta concepção de Educação não-formal chama a atenção para o facto de que ela permite às/aos jovens e adultas/os, ao longo de toda a vida, *a aquisição e a consolidação de competências e a capacidade de se adaptar a um ambiente social em contínua mudança* (Council of Europe, 2000).

O facto de não ter um currículo único e pré-formatado não significa que a Educação não-formal não seja um processo de aprendizagem estruturado, baseado na identificação de objectivos educativos, com metodologias com uma alta densidade pedagógica e uma avaliação integrada no programa de actividades e de carácter formativo. Assume vários formatos e é participada por todas/os, educadoras/es e educandas/os, no sentido de aferir os progressos efectuados e/ou reconhecer as necessidades de aprendizagem que acrescentam cultura, memória, identidade, auto-estima, conhecimentos diferenciados e úteis, entre outras coisas, à vida das pessoas que nela participam. Como parte integrante do desenvolvimento de saberes e de competências, o conceito de Educação não-formal envolve um vasto conjunto de valores sociais e éticos – dignidade humana, tolerância, promoção da paz, solidariedade e justiça social, igualdade de oportunidades, cidadania democrática e aprendizagem intercultural – e incide no desenvolvimento de métodos participativos, baseados na experiência, na autonomia e na responsabilidade de cada pessoa e do grupo em formação.

Deste modo, é importante explicitar quais as pedagogias que servem de forma concreta e operacional a Educação não-formal.

A Educação não-formal exige uma *pedagogia inclusiva*, ou seja, uma abordagem que implique e mobilize num processo integrado e integrador de conhecimentos, competências e atitudes: saberes para saber, saberes para fazer, saberes para ser e saberes para viver juntas/os.

Uma *pedagogia inclusiva* implica ainda celebrar a diversidade e as diferenças individuais e colectivas, pressupõe a oportunidade de as/os educandas/os terem vozes e de estas serem activamente ouvidas e necessita de uma política participativa onde todas/os buscam e podem encontrar qualidade para todas as pessoas sejam crianças, adolescentes, jovens ou adultas/os. *Inclusiva*, será a Educação que seja capaz de reorganizar a vida de uma comunidade na qual cada pessoa, sem prescindir da sua especificidade, encontre o seu lugar e se sinta interessada e capaz de participar no destino e bem comuns.

A Educação não-formal necessita de uma *pedagogia cooperativa*. David W. Jonhson e Roger T. Jonhson (1989, 1994), entre outros, apresentam uma concepção analítica, aprofundada e reflexiva da aprendizagem cooperativa que nos serve de alicerce na implementação desta pedagogia. Uma situação de aprendizagem será cooperativa se respeitar cumulativamente os seguintes pressupostos:

a) se estabelecer uma *relação de interdependência positiva entre os diversos membros do grupo*. Cada pessoa deve estar consciente que é do seu interesse pessoal ajudar os outros a ultrapassar as suas dificuldades, porque só assim é que ele próprio poderá atingir os seus objectivos;

b) se fomentar *interacções entre as pessoas*, com relevo especial para as *interacções face-a-face* e pele-com-pele (GALTUNG, 1996). A aprendizagem deverá basear-se na resolução de problemas, na ultrapassagem de dificuldades, na realização de tarefas que permitam às/aos membros de um grupo partilhar os seus conhecimentos e recursos na presença física e empática entre si;

c) se implicar o grupo (e cada uma das pessoas participantes) num *processo de aprendizagem em que os contributos individuais sejam tão importantes quanto os contributos colectivos para a prossecução dos objectivos da aprendizagem*. A aprendizagem cooperativa só é possível se o trabalho colectivo tomar por base um trabalho e uma responsabilidade individual e o trabalho individual puder usufruir e contribuir para os objectivos comuns;

d) se estimular o *desenvolvimento de competências de relacionamento interpessoal*. A aprendizagem cooperativa desenvolve-se com o grupo, é inevitável que nele se manifestem divergências, conflitos, dispersões ou indecisões. É pois necessário organizar as tarefas de aprendizagem de modo a que cada pessoa possa desenvolver as suas capacidades de comunicação, de tomada de decisão, de análise e de síntese, de resolução de conflitos e de liderança, entre outras;

e) se instituir *estratégias grupais de auto-regulação das interacções e das aprendizagens seguintes*. O grupo deverá estar em condições de avaliar de que modo as suas acções estão ou não a facilitar a prossecução dos objectivos da aprendizagem e, em função dessa informação, consolidar as acções entendidas como desejáveis e alterar aquelas que se revelem perniciosas.

A Educação não-formal também requer uma *pedagogia experiencial*. A aprendizagem experiencial é uma abordagem que começa[18] pela valorização da individualidade e da actividade livre, da aprendizagem por descoberta e através da experiência como sendo muito mais significativa para quem aprende do que a que se baseia na transmissão de conhecimentos teóricos, centrados no ensino do saber. Defende uma relação dialéctica entre a teoria e a prática, a experiência e a reflexão, a acção e a investigação[19], a ética e a estética que veio a repercutir-se na valorização existencial e experiencial dos processos educativos[20]. Uma outra linha interpretativa[21] valoriza a dimensão da *reflexão* na aprendizagem experiencial, considerando que o seu ciclo se inicia com a *colocação de problemas*, que constituem a base para a consciência crítica sobre o papel que o contexto social assume nas interpretações que fazemos sobre a experiência, prosseguindo através de um *processo de conscientização* como meio de mudar as estruturas sociais, através da acção individual e colectiva.

Nas palavras de Pierre Dominicé, *o que a experiência permite aprender comporta necessariamente os limites do percurso* de vida de cada pessoa (DOMINICÉ, 1989, p. 59), o que significa que a riqueza e diversidade das aprendizagens realizadas por via experiencial depende directamente da riqueza e diversidade de situações vividas/experimentadas pela pessoa no contexto que a rodeia. A Educação experiencial é, por natureza, inacabada e caracteriza-se pelo seu potencial heurístico, pois o processo não é apenas cognitivo uma vez que entra em jogo a totalidade da pessoa. Neste processo, a *vida* humana, em virtude da sua liberdade e inacabamento essenciais, é entendida como uma realidade em contínuo processo (hermenêutico e práxico) de produção e advento de sentido. Como realidade particular da vida humana, a Educação não-formal participa das mesmas características, revestindo a sua prática uma natureza isomórfica.

Neste sentido, todas as escolhas metodológicas contam com um forte contributo das/os formandas/os, quer no processo individual, quer no processo colectivo de aprendizagem. Este conceito metodológico de *participação activa* na produção, gestão e comunicação do conhecimento, procura fazer emergir a democratização das relações interpessoais no seio do grupo de trabalho exigindo práticas constantes de auto e hetero-avaliação, ou seja, de mútuas responsabilidades sobre o trabalho e a aprendizagem de cada pessoa.

A formação em Educação para os Direitos Humanos

Tendo como pano de fundo a reflexão feita até aqui parece-nos que a cooperação entre as diversas instituições responsáveis pela Formação e Educação das/os cidadãs/ãos parece ser essencial para que se responda adequadamente aos desafios que a contemporaneidade coloca às pessoas e às comunidades humanas. Neste sentido, e no âmbito do *Programa Europeu de Educação para os Direitos Humanos*, a equipa de formação constituída por formadoras da ONG "Acção para a Justiça e

Paz" e professor/as da "Escola Superior de Educação de Coimbra" tem vindo a trabalhar há diversos anos, em cooperação com a Direcção de Juventude do Conselho da Europa, no desenho conceptual e pedagógico da Formação de EDH dirigidos a públicos com responsabilidades socioeducativas mas diversificados. Esta equipa tem vindo a participar em Cursos Europeus de Formação, reuniões de avaliação e monitorização ao nível Europeu, a produzir relatórios e conhecimento a partir das experiências implementadas e avaliadas e a disseminar a experiência através de Simpósios e Congressos onde regularmente apresenta e discute os seus resultados. Todo este trabalho tem sido desenvolvido com o patrocínio e estado sob a avaliação do Conselho da Europa.

A Formação em *Educação para os Direitos Humanos* realizada caracteriza-se por ter uma abordagem metodológica que combina alguns princípios que nos parecem fundamentais tais como:

- A participação activa do grupo na gestão do programa; a articulação de abordagens conceptuais com a aprendizagem experiencial; a integração e articulação de contributos de especialistas, exercícios, observação, visitas, reflexões pessoais e trabalho de grupo; a utilização da arte ou manifestações estéticas e artísticas, tal como o teatro, literatura, dança e a fotografia; e uma avaliação contínua e transversal. É com base nesta abordagem metodológica que a Formação inclui exposições teóricas, exercícios experienciais, trabalhos individuais e em grupo auto-reflexivos, vistas de estudo, jornais ou registros diários das avaliações e o acesso a um conjunto de recursos tais como materiais teóricos e práticos, manuais, e materiais artísticos, apresentados em suportes convencionais ou informáticos. As/os participantes são fortemente encorajadas/os a partilharem os seus próprios recursos reconstruindo e aumentando o "Centro de Recursos" que lhes é disponibilizado no início de cada Curso de Formação. Este processo para além de promover a coesão e a sinergia endógena do grupo permite ir aumentando o acervo de materiais da mais diversa natureza para apoio às iniciativas de Educação para os Direitos Humanos que cada educadora/or queira levar a cabo nos seus contextos de trabalho.

Os programas de formação privilegiam uma abordagem holística e densa e por esse motivo fazemos a opção por organizar cursos residenciais de sete dias trabalhando de forma a que a vida em grupo se transforme num espaço de alta intensidade educativa e de convivialidade humanizadora. Ao mesmo tempo procuramos incluir uma forte dimensão anti-racista, promovendo a participação de pessoas de comunidades migrantes ou realizando os cursos a nível regional como foi o caso do último que contou com a participação de estudantes e professoras da Universidade de Granada[22] (Andaluzia - Espanha) e da República Árabe Saharaui Democrática. Procuramos que as nossas diversidades se transformem em recursos educativos, ou seja, falar diferentes línguas permite aprender a falar diferentes línguas; ter diferentes experiências de vida e de profissão implica aumentar os nossos conhecimentos sobre diferentes áreas de actuação e estratégias de vida; conviver de perto com culturas e grupos diferentes pressupõe aprender activa e concretamente o respeito e a tolerância à ambiguidade; viver e trabalhar juntas/os amplifica as nossas competências de comunicação, de negociação, de verdade e de honra. É neste contexto que as finalidades e objectivos da formação EDH se formulam desta maneira:

- Promover a Educação para os Direitos Humanos em Instituições de Educação Formal e Educação não-Formal; aprofundar as complementaridades entre a Educação Formal e a Educação não-Formal; disseminar o *Compass* Manual de Educação para os Direitos Humanos do Conselho da Europa; promover um pensamento crítico e uma atitude exigente no que respeita à Dignidade Humana; formar multiplicadoras/es em Educação para os Direitos Humanos; estudar temáticas como a multiculturalidade, o pacifismo e a paridade como condições para um cultura de Dignidade e Direitos Humanos; consolidar a Educação como Instrumento para a Cidadania e a Participação; trabalhar a Educação para os Direitos Humanos a partir dos contextos locais, culturais, sociais, organizacionais, regionais e nacionais das/os participantes e desenvolver os conhecimentos, competências, e atitudes das/os formandas/os em áreas chave da Educação para os Direitos Humanos. As avaliações dos Cursos têm indicado que estes objectivos têm, em geral, sido atingidos de forma suficiente e satisfatória pese no entanto a vida própria de cada grupo e as diferenças que estas metodologias imprimem a cada realização.

A nossa experiência tem-nos proporcionado reflexão suficiente sobre as potencialidades, mas também sobre os limites e dificuldades com os quais nos temos vindo a confrontar e que apontaremos e analisaremos, ainda que de forma breve. Destacamos três problemas que nos parecem ser particularmente interessantes pelo seu carácter estruturante e com implicações no presente e no futuro.

A construção de uma equipa composta por professoras/es de uma instituição do ensino superior e por formadoras de uma ONG não é um exercício fácil. Não são apenas as diferenças de experiência, idade e sexo, mas também as diferenças de linguagem e de conceptualização pedagógica que estão em jogo. Por isso, aquilo a que chamaríamos o "diálogo entre culturas educativas" é um processo longo que necessita de tempo em qualidade, paciência, rigor e muita capacidade de viver a ambiguidade. Esta experiência mostra-nos como estas equipas podem ser criativas, mas também como obrigam a re-inventar conceitos, estabelecer pontes, aceitar trabalhar com base em compromissos e, sobretudo, não aceitar como definitiva nenhuma das coisas aprendidas. Aprender a aprender e a hermenêutica diatópica de que falamos atrás têm-se mostrado conceitos básicos e bastante operativos neste processo de construção desta equipa. Muitas são as coisas que estão em processo de resolução e para cada situação concreta é necessário pensar e implementar uma solução concreta como, por exemplo, os critérios para determinar o grau de flexibilidade do programa ou ainda o equilíbrio entre os aspectos analíticos e práticos de um Curso de formação.

Em segundo lugar, é nossa convicção de que o reconhecimento das aprendizagens realizadas nestes Cursos é parcial e tem quase sempre um carácter subalterno. Apesar da parceria com a qual trabalhamos envolver uma Universidade e uma Escola Superior Politécnica, instituições reconhecidamente formadoras, estes Cursos são realizados fora do seu cânone e isso parece ser condição suficiente para que o reconhecimento social e educacional seja deficitário. Por um lado, a certificação da formação não depende da entidade universitária ou politécnica pois é dada pelo Conselho da Europa e, por outro lado, a Educação não-formal continua a sofrer de uma certa marca de subalternidade porque contraria o carácter normativo, sistemático e programático que caracterizam os Sistemas de Educação e Ensino. Este debate liga-se com aquilo a que nos referimos atrás, i. é, a justiça cognitiva capaz de reconhecer que as nossas sociedades são sociedades de conhecimentos múltiplos, diversos, válidos e úteis, opondo-se à ideia de que há um só tipo de conhecimento universalmente válido. Esta subalternidade é tanto um processo de carácter institucional como subjectivo, ou seja, o reconhecimento, ou não, por parte de potenciais participantes do valor *per se* da formação independentemente da forma transgressiva em que se apresenta. Ao longo de quatro anos temos vindo a pensar e a trabalhar sobre este problema tentando compreendê-lo no contexto específico Português e a desenvolver estratégias de resposta que pareçam ser adequadas e eficazes. A amplificação da equipa a nível Ibérico e a enorme procura destes Cursos de *Educação para os Direitos Humanos* por uma crescente variedade de actrizes e actores educativas/os tem vindo a indicar que estamos a trabalhar no bom sentido, ou seja, trabalhar com criatividade e exigindo de nós a maior qualidade e rigor possíveis em cada uma das realizações do Curso.

Por fim, uma das dificuldades com que nos deparamos é pensar a continuidade de cada um dos Cursos de *Educação para os Direitos Humanos* no sentido de proporcionar espaços de aprofundamento e consolidação das aprendizagens, assim como de implementação de estratégias socioeducativas relativas ao respeito e garantia dos Direitos e da Dignidade Humana nas nossas sociedades. Sendo que cada Curso de Formação é único, no sentido de irrepetível, reúne um conjunto diversificado de pessoas e tem poucos apoios financeiros, pelo que pensar em dar-lhe continuidade constitui um desafio para o qual ainda não encontrámos respostas. O uso da internet com grupos de discussão, a publicação de materiais colectivos ou a manutenção dos contactos entre participantes e entre estas/es e a equipa de formação parece-nos claramente insuficiente. Este é um limite claro à nossa acção educativa que nos parece importante problematizar, manter na nossa agenda de trabalho e para o qual devemos encontrar respostas mais capazes, duradouras e promissoras de racionalidades cosmopolitas, cidadãs, ecológicas, não-sexistas e pacíficas.

Conclusão

Durante estes processos trabalhámos com todas as pessoas valorizando as diversidades e o diálogo. Procurámos intencionalmente a capacitação e apropriação dos processos de aprendizagem por todas/os as/os participantes para que todas/os pudessem ser protagonistas no que respeita à forma como se pode pensar, construir e consolidar processos de igualdade na diferença e de Dignidade Humanas. Construídos na e através da Educação não-formal, os espaços criados por estes Cursos permitiram conhecer, viver e interpretar o Mundo de outra forma, olhar e pensar a Escola a partir de outros pontos de vista e identificar a necessidade de aprender a aprender ao longo de toda a nossa vida.

Destacamos a centralidade estratégica da articulação *Educação formal* e *Educação não-formal* enquanto partilha dos princípios das aprendizagens interactivas cooperativas, com metodologias participadas e activas centradas nas/os participantes, com processos que incluem conhecimentos racionais e emocionais e com aprendizagens intimamente ligadas com os quotidianos de cada uma das pessoas. Aquilo que no nosso contexto é específico e inovador é que a *Educação para os Direitos Humanos* assim entendida se assume como um movimento importante para potenciar e acrescentar liberdade, criatividade e participação à transformação e emancipação social (REIS; CUNHA; RAMOS, 2005; 2006).

A pertinência e relevância deste entendimento parece-nos assim bem justificada, particularmente nesta Europa, herdeira de um Humanismo assente na Dignidade e nos Direitos das Pessoas Humanas, que necessita de se construir através de racionalidades múltiplas e responsáveis e de pedagogias cidadãs capazes de promover a sua intrínseca diversidade como a forma de assegurar o desenvolvimento, a justiça, a paz e a solidariedade nela mesma e no Mundo.

Referências

BEAUVOIR, Simone. *O segundo sexo*. Amadora: Livraria Bertrand, 1975.

BOFF, Leonardo. *Saber cuidar: ética do humano compaixão pela Terra*. Petrópolis: Vozes, 1999.

CALDART, Roseli Salete. Ser educador do povo do campo. In: KOLLING, E. J.; CERIOLI, P. R.; CALDART, Roseli S. (Orgs.). *Educação do campo: identidade e políticas públicas*. Brasília: Projecto *Articulação nacional por uma educação do campo*, n. 4, 2002.

COUNCIL OF EUROPE COMMITTEE OF MINISTERS. Resolution on the teaching of human rights (78) 41, 25 de October 1978.

COUNCIL OF EUROPE COMMITTEE OF MINISTERS. Resolution on teaching and learning about human rights in schools, R. (85) 7, 14 May 1985.

COUNCIL OF EUROPE COMMITTEE OF MINISTERS. Recommendation on the promotion and recognition of non-formal education/learning of young people, Rec (2003) 8, 30 April.

COUNCIL OF EUROPE. *Compass: A manual on human rights education with young people.* Strasbourg: Council of Europe Publishing, 2002.

DELORS, Jacques (Dir.). *Educação: um tesouro a descobrir. Relatório para a UNESCO da Comissão Internacional sobre Educação para o Século XXI.* Porto: Edições Asa.

DOMINICÉ, Pierre. Expérience et apprentissage: faire de nécessité vertu, *Educacion Permanente,* 1989, 100/101, p. 57-65.

DUSSEL, Enrique. *Ética da libertação na idade da globalização e da exclusão.* Petrópolis: Editora Vozes, 2000.

FREIRE, Paulo. *Pedagogia do oprimido.* Porto: Afrontamento, 1975.

GALTUNG, Johan. *Peace by peaceful means: peace and conflict development and civilization.* Oslo: PRIO, 1996.

GANDHI, Mohandas K.; Strohmeier, John (Orgs.). *Vows and observances.* Berkeley: Berkeley Books, 1999.

GOMES, Rui. The EYCB and Human Rights Education A Programme at the centre at the Herat of Europe, 2005. (mimeo.).

GUZMÁN, Vicent. La paz imperfecta. Una perspectiva de la filosofia para la paz. In: MUÑOZ, Francisco A. (Org.). *La paz imperfecta.* Granada: Instituto de la Paz y de los Conflictos, Universidad de Granada, 2001, p. 67-94.

JOHNSON, David W.; JOHNSON, Roger T. *Cooperation and competition: Theory and research.* Edina: Interaction Book Company, 1989.

JOHNSON, David W.; JOHNSON, Roger T. *Cooperation in the classroom.* Edina: Interaction Book Company, 1994.

MIES, Maria; SHIVA, Vandana. *Ecofeminismo.* Lisboa: Instituto Piaget, 1993.

MOHANTY, Chandra Talpade. Under western eyes: feminist scholarship and colonial discourses. In: MOHANTY; RUSSO; TORRES, (Orgs.), *Third world women and the politics of feminism.* Bloomington: Indiana University Press, 1991, p. 462-487.

ORUKA, Henry Odera. Sage philosophy: the basic questions and methodology. In: KRESSE, Kai; GRANESS, Anke (Org.). *Sagacious reasoning. Henry Odera Oruka in memoriam.* Frankfurt: Peter Lang, 1997, p. 61-67.

PARLIAMENTARY ASSEMBLY. Recommandation relative à l'éducation aux droits de l'homme. 1346, 26 September 1997.

PINTASILGO, Maria de Lourdes. *Os novos feminismos: interrogação para os cristãos?* Lisboa: Moraes Editores, 1981.

PUREZA, José Manuel. Derechos humanos y cultura de paz: dangerous liaisons? In: ISA, Felipe Gómez (Org.), *La protección internacional de los derechos humanos en los albores del siglo XXI.* Bilbao: Universidad de Deusto, 2003, p. 827-835.

REARDON, Betty A. *Sexism and the war system.* New York: Teachers College Press, 1985.

REIS, Inês Borges; CUNHA, Teresa; RAMOS, Fernando. Programa do módulo *Educação para os Direitos Humanos*. Coimbra, ESEC, 2005. (mimeo).

RUDDICK, Sara. *Maternal thinking: toward a politics of peace*. Boston: Beacon Press, 1995.

SANTOS, Boaventura de Sousa. O oriente entre diferenças e desencontros. In: *Notícias do Milénio*, Diário de Notícias, 8-7-1999, 44-51.

SANTOS, Boaventura de Sousa. Para uma sociologia das ausências e uma sociologia das emergências. In: *Revista Crítica de Ciências Sociais*, 63, 2002, p. 237-280.

SANTOS, Boaventura de Sousa; MENESES, Paula; NUNES, João Arriscado. Para ampliar o cânone da ciência: a diversidade epistemológica do mundo. In: SANTOS, Boaventura de Sousa (Org.). *Semear outras soluções. Os caminhos da biodiversidade e dos conhecimentos rivais*. Porto: Afrontamento, 2004, p. 19-101.

SHIRIN, Rai. Women and the state in the third world. In: Kaleh, A. (Org.), *Women and politics in the third world*. London/New York: Routledge, 1996, p. 25-39.

STENGERS, Isabelle. *Cosmopolitiques I: la guerre des sciences*. Paris: La Découverte/Les Empêcheurs de penser en rond, 1997.

UNDP. *Human development report 2005. International cooperation at a crossroads: Aid, trade and security in an unequal world*. New York: United Nations Development Programme, 2005.

Parte II
Racismos e etnicidades em diferentes contextos históricos e sociais

Os espaços criados pelas palavras:
racismos, etnicidades e o encontro colonial[1]

Maria Paula Guttierrez Meneses

> *Deixar o colonialismo fora da raça é como deixar um príncipe fora do castelo.*
>
> (WOLF, 2002, p. 54)

Os últimos anos têm vindo a dedicar uma crescente atenção a África na história mundial. Mas será que o nosso conhecimento sobre o continente mudou, de facto? Ou será que as representações sobre o continente continuam a ser construídas em torno de concepções generalistas e estereotipadas? A motivação para inscrever África no panorama global das ciências sociais tem-se revelado problemática, pois tende a celebrar uma perspectiva homogeneizada do tema, desprovida de visões situadas, e analiticamente críticas. A leitura dos espaços gerados por conceitos e aspectos polémicos forjados no encontro colonial de Portugal com África, a partir de finais do séc. XIX (com ênfase especial para o caso de Moçambique[2]), permite abrir novos espaços de questionamento e leitura dos momentos coloniais e pós-coloniais.[3]

A relação do continente africano com a chamada "história mundial" reflecte o complexo relacionamento entre colonizador e colonizado. Das primeiras tentativas iluministas, em meados do séc. XVIII, às histórias sintéticas do mundo produzidas

[1] Parte deste trabalho resultou de um projecto de investigação coordenado por Boaventura de Sousa Santos, intitulado "Identidades, colonizadores e colonizados: Portugal e Moçambique". Ao longo do projecto beneficiei imenso das discussões e sugestões avançadas por Boaventura, a quem qualquer agradecimento saberá sempre a pouco. O texto beneficiou igualmente de inúmeros momentos de discussão com Nilma Gomes, Marta Araújo e Teresa Cunha, a quem agradeço. Esse artigo apresenta parte dos resultados de um projecto de investigação financiado pela Fundação para a Ciência e Tecnologia (FCT).

[2] Moçambique, juntamente com Angola, Cabo Verde, Guiné-bissau e S. Tomé e Príncipe, pertencia ao conjunto das antigas colónias portuguesas em África. O país alcançou a sua independência a 25 de Junho de 1975.

[3] A emergência de saberes e identidades do "Sul" no universo epistémico do "Norte", resultou no subverter da racionalidade auto-confiante da ciência imperial. O pós-colonialismo refere-se a um conjunto de correntes analíticas que permitiram esta ruptura metodológica e teórica, obrigando a uma atenção especial ao peso da história e das relações de poder que os projectos coloniais impuseram.

[4] O conceito de África é por demais homogeneizante, encapsulando realidades diversas e bastante heterogéneas. Assim, existem vários espaços separados e distintos. De modo semelhante, não existe uma Europa ou um Ocidente homogeneizado e como entidade única. Neste texto, a referência à Europa é

no séc. XX é que a idéia dominante de uma África a-histórica perpassa os trabalhos de acadêmicos tão distintos como Hegel ou Toynbee (GILBERT; REYNOLDS, 2004).

Nos nossos dias, apesar dos avanços que os estudos africanos têm conhecido a desconexão entre a pesquisa detalhada, num campo temático específico estudos africanos e a história e conhecimentos mundiais persiste. A produção de um mapa cognitivo da realidade do mundo requer um conhecimento complexo e mais ou menos detalhado desta diversidade. Mas se elementos centrais desta diversidade continuam a ser consistentemente omitidos ou mal-representados, a questão que se nos coloca é – que conhecimento do mundo, passado e presente, está, de facto, a ser produzido, e com que objectivos?

Repensando as categorias coloniais: as imagens ao espelho e as fronteiras conceptuais

Qualquer discussão das representações históricas da alteridade incluídas em qualquer projeto de memória é, necessariamente política. Falar sobre África significa pois questionar e desafiar crenças queridas, pressupostos afirmados e múltiplas sensibilidades.[4]

Vários autores têm vindo a chamar a atenção para os processos através dos quais noções de diferença se racializaram durante a época colonial (YOUNG, 1976; RANGER, 1989; MAMDANI, 1996). Nas últimas décadas, a discussão sobre as "novas" formas de racismo obriga a uma análise mais detalhada sobre a persistência, em espaços pós-coloniais, de conceitos e idéias assentes em percepções de origem pseudo-biológica estabelecidas com o encontro colonial.

Este ensaio pretende analisar criticamente as práticas da "história do mundo": das "conquistas coloniais" e das estruturas ideológicas que resultaram na construção da noção da "história mundial"; das implicações desta ideia quando vista fora do contexto euro-americano do Norte; dos pressupostos metodológicos e ideológicos subjacentes às escolhas espaciais e temporais que têm delineado a noção de 'história mundial', finalmente, as esperanças e desafios colocados à "história mundial" pelo desafio de um multiculturalismo global, que reproduz de forma linear e acrítica os problemas de racialização que a história mundial (re)produz. A noção de racialização está intimamente ligada, nos espaços coloniais, a processos de classificação social, onde se incluem diversas formas de pensamento étnico e nacionalista, permeados por construções raciais.[5]

Civilização, nação, cultura, raça, etnia, tribos são construções da modernidade. A ligação indelével entre os conceitos de bárbaro e de civilizado produziu um mapa moderno do mundo onde a humanidade é comparada em função de uma referência capitalista colonial – ou seja, um espaço ancorado em estruturas de poder associadas a estratégias de conhecimento próprias.

[5] Neste texto o debate não inclui uma discussão mais alargada sobre a presença de pensamentos racializados noutros espaços sociais não-ocidentais. Ou seja, centra-se na análise da centralidade da classificação social hierarquizada (raça e etnicidade) na estruturação das relações do mundo capitalista colonial.

[6] As controvérsias quanto ao papel do clima sobre a origem da espécie humana ocupam um papel de

única, considerada universal. Apesar, porém, de terem sido construídas, estas categorias permanecem elementos essenciais da configuração e significação actuais da modernidade. A organização do mundo em torno deste conceitos espaciais é parte central da forma em como hoje concebemos o mundo, o que justifica plenamente o seu significado histórico o poder para moldar a história.

O mapa cognitivo que estas construções geram exige hoje, em contexto de debates pós-coloniais, um processo de desconstrução que permita revelar as realidades ocultas pela força de qualquer proposta hegemónica (SANTOS, 2006).

O objectivo é historicizar a emergência das representações que estas espacialidades e temporalidades têm revelado e suprimido, quando nações, culturas, etnias e civilizações são transformadas em sujeitos da história. A razão deste ensaio prende-se com a necessidade de ir de encontro às obrigações públicas da história: educação sobre a formação do mundo tal como o conhecemos e como está hoje organizado, que nos ajudará a melhor compreender os seus problemas. O questionar das formas em como os diferentes passados produziram diferentes estruturas sociais e políticas, ou os diferentes sistemas de valor que hoje chamamos de culturas, etnias, tradições e civilizações, assim como estes continuam a delinear comportamentos emerge como uma dimensão básica de exercício de cidadania. Por outro lado, a própria reafirmação dos espaços das civilizações, das etnias e das nações serve não só para legitimar os espaços actuais de poder e as suas projecções para o passado, como, pelas mesmas razões, altera os processos históricos que produziram essas configurações. Os espaços que os conceitos tribo, etnia, cultura e civilização propõem são o produto e não o sujeito de complexas interacções históricas. Uma ênfase maior nestas interacções e nos múltiplos espaços e temporalidades que sugere obriga a uma reflexão mais complicada, não-linear sobre a história do mundo.

Uma construção alternativa da história do mundo, requer uma história responsável, que jogue uma função pedagógica pública (WREBNER, 1996; MENESES, 2003; DIRLIK, 2006). Uma (re)construção histórica alternativa, que procure construir uma história outra que se oponha à perspectiva eurocêntrica dominante. Assim, em lugar de generalizações e simplificações que pretendem "encaixar" África no esquema desenvolvido para explicar linearmente o progresso civilizatório do Ocidente, o desafio que se coloca é duplo: explicar a persistência da relação colonial na construção da história mundial, ao mesmo tempo em que se propõem alternativas à leitura da história, no sentido de construir histórias contextuais que, articuladas em rede, permitam uma perspectiva cosmopolita sobre o mundo (SAID, 1993; APPADURAI, 1996; APPIAH, 1998; GILROY, 1993; DIOUF, 1999). Esse desafio também inclui o reconhecimento da presença (e proliferação) de múltiplos espaços na análise social e das interacções históricas entre esses muitos espaços que produzem e são condicionados por várias

---

relevo nas discussões científicas a partir do séc. XVIII, sendo de destacar, nessa altura, os trabalhos de naturalistas como Buffon ou biólogos como Bluembach.

[7] Termo que deriva do árabe kafir, expressão utilizada para fazer menção aos não-muçulmanos, aos não-

totalidades de vários tipos (CHAKRABARTY, 2000; WRIGHT, 2004).

Os espaços que a razão iluminista ocupou

O imaginário ocidental é responsável pelo fabricar da trama que iria transformar, a partir do séc. XVIII, de África enquanto as antípodas da modernidade ocidental: a África como *a natureza inexplorada*, não utilizada (ou seja, espaços desocupados, terras inaproveitadas, de recursos minerais inexplorados), assim como um *local de pecado* (onde a fantasia sexual afecta homens e mulheres), ou seja, o *local do bárbaro irracional*, domínio das emoções, onde poderia acontecer tudo o que a racionalidade iluminista não concebia como possível, como humano, como apanágio da civilização.

As imagens que os relatos, as pinturas e os desenhos sobre África enviam para a Europa vão gradualmente compondo estereótipos, cujas origens podem ser traçadas até aos primórdios dos encontros com o Norte a partir do séc. XVI uns eram celebratórios; outros, extremamente pejorativos, racistas e dolorosos. Vistos de uma perspectiva actual, muitas das percepções produzidas por estas imagens "desfocadas", acentuam a diferença, o incógnito, o que a razão iluminista que assumia a razão ocidental como universal – não conseguia explicar.

A constituição "subalterna" do africano no período colonial centra-se em torno de dois conceitos chave: raça e etnicidade. Estes dois conceitos são centrais a definir a 'localização' do colonizado. Em ambos os casos, a categorização da diferença é activada através de identificações culturais, fixadas no corpo (costumes, modos de vida para os grupos etno-tribais) ou através das "relações de sangue" que geram diferenças físicas perceptíveis e assumidas como biologicamente determinantes (para o caso das "raças"). Estes dois conceitos assentam no pressuposto de que a humanidade é composta de séries descontínuas de conjuntos culturais autênticos mais ou menos isolados, originando os grupos específicos. Estas ligações "de sangue" são imaginadas de forma mais ou menos vaga (ANDERSON, 1983; RANGER, 1989), colocando uma ênfase forte na metáfora da descendência. Neste sentido, a emergência de grupos raciais e tribais é reflexo das relações de poder presentes em cada sociedade, grupos estes construídos em função da definição hierárquica da alteridade.

A distinção entre "raça" e "etnicidade" é uma questão de grau das formas de ligação 'internas' a um dado grupo definido a partir de um sistema de classificação que lhe é externo (MENESES, 1989); são formas de pensamento que se encontram dispersas ao longo de um *continuum* chamada "zona de contacto colonial" (SANTOS, 2006, p. 130), e que continua presente nos dias de hoje, nas sociedades pós-coloniais.

No caso específico da formatação da noção de espaço público, de Estado e de cidadania, a análise da intervenção europeia na modelação do espaço africano é um bom exemplo. Fossem os "tradutores" destas "outras" realidades os missionários protestantes das décadas de 1870-90, os oficiais portugueses envolvidos nas campanhas de "pacificação", os administradores coloniais ou os ideólogos do regime, estes assumiram que a autoridade política africana dependia, ou deveria depender, da etnicidade. As tribos existiam porque os indígenas possuíam línguas e culturas específicas. A Europa era civilizada, tinha atingido um elevado patamar de progresso na esfera política e científica, o que lhe outorgava o direito e legitimava a sua participação na missão colonizadora, com o intuito de conduzir o indígena (leia-se o negro) a um patamar mais elevado do desenvolvimento. No início do séc. XX, as construções sociais como tribo, etnia e cultura irão predominar na descrição da realidade africana, enquanto a Europa se auto-classificava como civilizada, desenvolvida. Nas palavras de Teixeira Botelho, um dos advogados da missão civilizadora de Portugal em África, esta justificava-se porque

> o intelecto do negro é muito inferior e incapaz de compreender os horrores da servidão; além disso a raça é propensa ao vício, à incúria e à inércia, e, abandonada a si própria, em breve cairia na mais selvagem brutalidade. (1921, p. 160)

A partir de finais do séc. XIX, nas discussões históricas e antropológicas sobre África dominavam os temas relativos às classificações raciais (onde a ideia de raça surgia como concepção biológica) e à sistemática das tribos, tendo a territorialização dos "grupos étnicos" ganhado forma rapidamente.

O grande objectivo de muitos pesquisadores europeus era a identificação de tribos autóctones, não contaminadas por contactos culturais com outros povos (leia-se povos considerados mais avançados), a quem a missão civilizadora europeia pudesse trazer o progresso. Esta noção de pureza étnica, produto do pensamento da época, surge expressa no artigo de O'Neill quando descreve os povos da costa norte de Moçambique.

> Os Makua da costa, estão, até certo ponto, misturados com elementos estrangeiros que, talvez, ao longo dos últimos oito séculos se fixaram aqui ou aqui comerciavam. E há que ter em consideração que antes de os portugueses descobrirem e invadirem esta região, a costa tinha sido conquistada e ocupada em muitos pontos por árabes Shirazi, cujos hábitos poligamos acelararam a mistura; durante quatro séculos a região esteve nas mãos de portugueses que a usaram como colónia penal, deixando à solta a maioria dos seus criminosos; finalmente, por mais de um século Baneanes, batias e outras castas da Índia povoaram a região, instalando as suas actividades comerciais em todos os pontos da costa. Por isso para mim é uma surpresa não haver mais representantes de uma raça mista, e que os Makua da costa tenham preservado de forma tão notável as suas características originais. Nalguns pontos há provas claras de uma antiga ocupação por estranhos; mas isto acontece mais na língua do que na cor ou nas feições dos nativos. (1882, p. 600)

Este excerto expressa igualmente, de forma inquestionável, a consagração, no espaço académico europeu, da noção de raça como uma unidade biológica estável. Até então o corpo humano era percebido como sendo um ente flexível e ajustável ao meio. A partir do momento em que o monismo se implantou como corrente científica, o clima transformou-se no principal responsável pela variação dos tipos humanos. Muitas das teorias científicas desenvolvidas até meados do século passado procuravam defender a capacidade inata do negro aos trópicos, sugerindo-se estarem os climas tropicais associados ao calor extremo, à sensualidade, à exaustão e à decadência. Não é em vão que em muitos dos trabalhos dedicados ao continente africano, este seja descrito como "o túmulo do homem branco", inimigo da existência civilizada (STANLEY, 1881). A mudança da Europa para os trópicos passou a ser vista como o mecanismo responsável por mudanças físicas,[6] provocando profundos receios entre os europeus quanto aos risco de degeneração e cafrealização.[7]

Através do racismo, obteve-se a justificação científica da hierarquia das raças, para o que foram mobilizadas tanto as ciências sociais como a antropologia física, a biologia, etc. O negro, aquele a quem era necessário construir uma identidade de selvagem, emergiu, nos finais do séc. XIX no pensamento racional moderno, como o espaço de alteridade subalterna, a necessitar de ser disciplinado, pela força física e do saber científico moderno, na posse da Europa. Estas teses, de cunho marcadamente racista, estão presentes nos textos de Oliveira Martins, uma das grandes referências do mundo intelectual português da época, por exemplo, em citação da revista África Ilustrada, volume I, 1892-1893:

> [aos negros] a precocidade, a mobilidade, a agudeza próprias das crianças não lhes faltam; mas essas qualidades infantis não se transformam em faculdades intelectuais superiores [...]. Há decerto, e abundam documentos que nos mostram ser o negro um tipo antropologicamente inferior, não raro do antropóide, e bem pouco digno do nome de homem. A transição de um para o outro manifesta-se, como se sabe, em diversos caracteres; o aumento da capacidade da cavidade cerebral, a diminuição inversamente relativa do crânio e da face, a abertura do ângulo facial que daí deriva e a situação do orifício occipital. Em todos estes sinais os negros se encontram colocados entre o homem e o antropóide. (1904, p. 284-285)

Esta "nova" imagem do negro garantia a Portugal a aplicação de uma nova política colonial, justificando-se as estratégias de intervenção colonial e a dominação explícita:

> Não é só pelo lado humanitário, mas pelo nosso próprio interesse, que nos cumpre a nós primeiro que tudo arrancá-los da ociosidade fazendo-os convencer que os seus maiores aproveitando-se dos recursos que a natureza lhes concedera, os consumiram esquecendo os que viessem a sobreviver-lhes, e

crentes. Só muito tardiamente, durante a segunda modernidade (séculos XVIII-XIX), passaria este termo a assumir uma conotação negativa.

[8] Convém referir que, à semelhança dos processos de sistematização "etno-linguística" que tomavam corpo na Europa, a tentativa de sistematização das línguas africanas resultou na identificação de uma matriz comum. No caso da região sub-sahariana do continente, a unidade linguística foi definida a partir da raiz "*ntu*" (pessoa). O termo bantu (i.e., "as pessoas") rapidamente incorporou outros sentidos, transformando-se no símbolo rácico da África negra.

eles deixando-se vencer na ociosidade em que jazem; estão contribuindo para a extinção da sua raça.

Por todo o continente, o resgate da presença desta alteridade – pela escrita de referências centrais ao processo de conhecimento ocidental excluem-na desta pertença geo-política. África transforma-se no universo da relação colonizador/colonizado, num espaço de ocupação dos conhecimentos externos sobre este espaço (SANTOS, 2001; SANTOS; MENESES, 2006). Nesta altura a fundamentação científica do "atraso material e espiritual" dos negros encontra eco na literatura produzida sobre o espaço colonial, do que é exemplo este texto de António de Almeida:

> A origem dos povos bantus[8] não interessa senão como um problema de Etnologia. Para a história eles são os indígenas que povoavam as terras em que passou a verificar-se uma evolução histórica pela acção de povos capazes de progresso e desenvolvimento material e espiritual os colonizadores brancos. A capacidade de evolução é, aliás, uma característica das civilizações superiores; as civilizações primitivas, quer sejam uma aquisição estacionada, quer uma decadência que atingiu o nível mais baixo, não evoluem. (1940, p. 530)

Os conceitos de raça, o "preto", o "branco", o "africano" reflectem a presença da ideologia colonial imperial europeia. O "negro", como figura subalterna, inferior, é o *alter ego* da razão branca, um espaço de dominação e de expansão da civilização ocidental através do mecanismo da colonização. Conforme argumentava um professor da Universidade de Coimbra, no início do séc. XX,

> a colonização é a cooperação de duas raças para a realização de uma obra, que nenhuma dellas isolada poderia levar a cabo. Ao europeu só falta a resistência physica, quase unico elemento de que o indígena dispõe, associando-se, formarão pois uma entidade perfeita. Esta associação cria obrigações só impostas e determinadas pela utilidade comum, e concilia de modo perfeito as exigencias da civilização com os interesses da metrópole. (ULRICH, 1909, p. 698)

A coisificação do negro, um dos pilares da intervenção colonial em África, foi-se consolidando como senso comum. A opinião do explorador britânico Stanley expõe com aguda crueza os preconceitos raciais, reflexo de uma crença na superioridade biológica associada ao cânone do Ocidente, espaço do saber racional. A força da imagem do uso das botas é um dos argumentos a que este explorador recorre para marcar a sua superioridade:

---

[9] Portaria do Governo-Geral n. 317, de 9 de Janeiro de 1917, publicada no Boletim Official de 13 de Janeiro de 1917, 1ª série, p. 7-8.

[10] Esta formulação perpetuar-se-ia até ao final da época sob estudo, como é o caso do Decreto 16.199 referente ao "Código e Trabalho dos Indígenas nas colónias portuguesas de África" (publicado em Boletim Oficial nº 2, de 16 de Janeiro de 1929).

[11] Para resolver a questão de muitos "não-europeus" presentes na paisagem social de Moçambique, surgiria a possibilidade de ascender ao estatuto de branco-civilizado, formalizando-se a figura de "assimilado" – i.e.,

> Guardara para mim um par usado [de sapatos] porque as botas novas estragaram-se. [...] Quanto a Frank [empregado que trouxera consigo dos EUA], talhára umas sandalias de couro onde eu levava o capote, e umas polainas do nosso barco de gutta-percha; porém as sandalias e as polainas eram tão pouco solidas, despedaçavam-se tão rapidamente pelo contacto com os rochedos, que eu tive necessidade de appellar para o seu amor próprio de branco para conseguir que elle fizesse outras novas. Ás vezes quando depois de arduos trabalhos, chegava ao acampamento sem ser esperado, surprehendi-o a miudo descalço, e reprehendia-o por expôr sem vergonha alguma os pés á contemplação dos indigenas. Na Europa, isso não era considerado como pouca delicadeza, porém, na África selvagem, os pés conservam-se tão resguardados como o corpo; ter os pés calçados é uma prova de superioridade. (1881, vol. 3, p. 179)

O branco civilizado e o negro primitivo surgem, simultaneamente, divididos e unidos por dois poderosos instrumentos da racionalidade ocidental: o Estado moderno e a racialização dos espaços sociais. Através do Estado procurou-se garantir a exploração sistemática da riqueza, convertendo-a em missão civilizatória através da trasladação para as colónias dos modos de vida civilizados metropolitanos. A implantação do Estado colonial (associado a múltiplos procedimentos legais) simbolizava o artefacto do poder da Europa para criar a categoria do indígena "incivilizado" (MENESES *et al.*, 2003). A necessidade de separar, formalmente, a população colonizada dos colonos oriundos da metrópole imperial obrigou à implementação de mecanismos jurídicos que salvaguardassem as práticas discriminatórias que ocorriam no espaço colonial. Procurando assegurar a exploração das riquezas das colónias (incluindo a força de trabalho do negro), base real do mito da acção civilizadora da missão colonial, a classe colonial dominante via na intervenção junto ao negro pela educação no "gosto ao trabalho", um espaço e um instrumento de difusão da ideologia colonial. A Lei do Trabalho, promulgada em 1899, foi o primeiro grande momento de separação formal da população que vivia nas colónias portuguesas em duas classes: a dos indígenas, e a dos *não-indígenas* ou civilizados. Os *não-indígenas* possuíam os direitos de cidadania vigentes em Portugal e viviam segundo a lei da metrópole; os indígenas viviam sob as leis locais e sujeitos aos procedimentos legais próprios de cada colónia (PENVENNE, 1995).

Alguns anos depois, seria a vez de articular, através de instrumentos legais, a organização social do espaço público em função da raça[9]. A partir de então a segregação racial mascarada sob a capa de ascensão aos valores culturais metropolitanos (i.e., da possibilidade de assimilação) – afirmou-se como pedra base da política de colonização Portuguesa. Nos termos do artigo 1º desta portaria, considerava-se indígena "o indivíduo de raça negra ou dela descendente que pela sua ilustração e costumes se não distingue do comum daquela raça";[10] já o artigo 2º estabelecia que

aquele que tinha incorporado os valores da civilização ocidental, tendo "renegado" em simultâneo as suas raízes culturais autóctones. A obtenção do alvará de assimilado por parte dos não-cidadãos – os negros, mulatos e para se distinguir do comum da raça negra, é considerado assimilado aos europeus o indivíduo daquela raça ou dela descendente que reunir as seguintes condições:

a) ter abandonado inteiramente os usos e costumes da raça negra;

b) falar, ler e escrever a língua portuguesa;

c) adoptar a monogamia;

d) exercer a profissão, arte ou ofício, compatível com a civilização europeia ou ter rendimento obtido por meio licito que seja suficiente para prover aos seus alimentos, compreendendo sustento, habitação e vestuário para si e para a sua família.[11]

Nos espaços coloniais portugueses em África,[12] a maioria dos negros, indígenas não assimilados, passaram a estar sob controle da autoridade dos administradores locais, enquadrados num sistema de administração que

> limitava ao negro o acesso aos direitos dos europeus, dos civilizados; simultaneamente, porque não-civilziados, estavam submetidos a outros regimes de controlo, que os obrigava a trabalhar para se educarem e alcançarem como dádiva os benefícios da cidadania. Deste modo a autoridade colonial reforçou a estratificação social, remetendo o indígena para o mundo dos subalternos, sujeitos ao direito "público" apenas onde e quando as suas acções entrassem em rota de colisão com o direito e as normas de actuação do Estado civilizador colonial.

O negro não tinha direito a cidadania, era obrigado a identificar-se como indígena levando consigo a famosa *caderneta indígena*,[13] e estava sujeito a todas as regulamentações a que o seu estatuto de indígena o sujeitava.[14] Este regime obrigava-o à prestação obrigatória de trabalho, proibia-lhe o acesso a certas áreas das cidades (espaço por excelência do colono) depois do escurecer e autorizava-lhe um número reduzido de lugares de divertimento. O indígena, o "outro" que não-português, viu-se desapossado não só do seu poder político e da sua terra, mas também do elementar

---

muitos dos asiáticos exigia a confirmação, por atestado, deste processo de aculturação, de incorporação dos referentes culturais que distinguir a identidade do "português": a língua (saber ler e escrever português), o nome, a religião cristã e os costumes (ex: terem renegado a poligamia), serem alfabetizados, e terem um emprego estável, i.e., trabalharem para outrem.

[12] Especialmente em Angola, Moçambique e na Guiné-bissau.

[13] A Portaria n° 1.185, de 24 de Maio de 1919 determinava a obrigatoriedade da identificação dos indígenas com vista às questões de espólios, compensações laborais e reconhecimento de criminosos, através da posse da "caderneta indígena"; para os brancos e assimilados estava reservado o bilhete de identidade.

[14] O Estatuto do Indigenato, imposto no início do Estado novo em Portugal foi finalmente revogado apenas em 1961, fruto das pressões das lutas nacionalistas anti-coloniais nas antigas colónias africanas de Portugal.

[15] Decreto 16.473, de 06 de Fevereiro de 1929.

[16] A abolição do sistema do indigenato não trouxe alterações estruturais à organização da administração local, tendo os regulados passado a ser parte da administração local. A distinção entre direito costumeiro e civil não foi abolida, e, embora em teoria todos pudessem optar pelo código civil, muitos dos indígenas continuaram a ser controlados e a obedecer a régulos.

direito de dispor da sua própria vida. Podia ser tratado virtualmente como escravo: forçado a deixar a sua casa e família para trabalhar em qualquer local, durante um número indeterminado de horas, e por um salário meramente nominal (PENVENNE, 1995; COVANE, 2001).

Na segunda metade de 1920, o Estatuto do Indigenato veio consagrar os processos legais em cursos nas colónias em políticas fundamentais de Portugal. A versão de 1929 do Estatuto[15] reafirmava a subalternidade do negro face ao branco português, ao considerar indígenas

> os indivíduos de raça negra ou seus descendentes que, tendo nascido ou vivendo habitualmente [na Guiné, em Angola ou Moçambique], não [possuíam] ainda a ilustração e os hábitos individuais e sociais pressupostos para a integral aplicação do direito público e privado dos cidadãos portugueses (artigo 2º).

Nos termos do referido Estatuto, os indígenas deveriam, com efeito, reger-se "pelos usos e costumes próprios das respectivas sociedades", sendo

> a contemporização com os usos e costumes [...] limitada pela moral, pelos ditames da humanidade e pelos interesses superiores do livre exercício da soberania portuguesa. (artigo 3º, §1º)

Em suma, os negros não podiam ascender ao estatuto de cidadão português devido à racialização da noção de cidadania. Era um objectivo vago e longínquo a atingir, para o qual o negro não se encontrava preparado. O ensino surgia como o veículo de acesso à cidadania, ao referir-se que o Estado colonial favoreceria

> por todos os meios a melhoria das condições de vida materiais e morais dos indígenas, o desenvolvimento das suas aptidões e faculdades naturais e, duma maneira geral, a sua educação pelo ensino e pelo trabalho, com vista a transformar os seus usos e costumes primitivos, de valorizar as suas actividades e de os integrar activamente na comunidade pelo acesso à cidadania (artigo 4º).

Como resultado, a maioria dos negros, no início da década de 1960, antes da abolição do indigenato, não possuía cidadania, não tinha direito algum, sendo mal pagos, explorados, sujeitos a um ensino rudimentar, trabalho forçado, regimes penais de deportação, etc. Ser-se cidadão de primeira, usufruir dos mesmos direitos dos colonos constitui um dos grandes objectivos da luta nacionalista.[16]

Todavia, o peso das representações coloniais sobre África marcou e marca ainda o imaginário de muitos sobre o continente. A persistência, no imaginário socio-político actual, de políticas assentes nestes pressupostos não nos deve surpreender. Num

---

[17] O Banco Mundial afirmava neste trabalho, quanto á notas sobre a terminologia utilizada, que "os quatro termos aborígene, autóctone, indígena e nativo se aplicam àqueles povos que possuam uma cultural tradicional e origens raciais na região em que residem actualmente" (1982, p. viii). No Ocidente, inúmeras são as obras em que a divisão do mundo entre 'desenvolvidos' e 'menos desenvolvidos' é apresentada através de categorias binárias que reproduzem e reafirmam a situação de diferença gerada

relatório publicado em início da década de 80, o Banco Mundial opunha uma visão da "sociedade tribal" como estática e imutável, face ao desenvolvimento económico que o banco propunha promover de forma dinâmica no continente (World Bank, 1982).[17]

A África, da forma como a concebemos hoje, é fruto da intervenção do pensamento racista ocidental, parte integrante do processo colonial. Mas os próprios africanos, especialmente os intelectuais, têm usado deste artifício conceptual sem o questionarem do ponto de vista social, político, a partir do contexto histórico que está na origem deste conceito. Retomando a questão da disjunção entre o discurso sobre a "tribo", a "raça" e a realidade africana, o que se verifica, num primeiro momento, é que quer as autoridades coloniais, quer as autoridades africanas ajudaram a criar o espectro das tribos, no sentido de "comunidades políticas" imaginadas. Estas "outras" realidades aconteciam porque o espaço social e político se encontrava estruturado em torno de "raças" e dos "grupos étnicos (tribos)". A raça inferior, os indígenas, mantinha-se num estado inferior de desenvolvimento, o que justificava a utilização de outras formas de direito, agora recriado como "direito costumeiro" (CHANOCK, 1985, p. 3-4), executado pela "autoridades tradicionais" (MENESES *et al.*, 2003) e em utilização pelas várias tribos existentes (VAIL, 1989, p. 10). O facto é que a ideia de "tribo" é uma "invenção" colonial, externa à realidade socio-política africana. No caso específico de Moçambique, novas configurações socio-políticas surgiram do encontro colonial, configurações cujo significado diferia consoante a perspectiva de quem recorria a estas designações. No entanto, tal sistemática estava eivada de conflitos e múltiplos significados. Não surpreende, pois, que na década de 1950, quando se pretendeu finalmente "classificar" – à boa maneira colonial através do censo da população – os grupos étnicos de Moçambique, "o apuramento dos resultados foi impraticável" (Província de Moçambique, 1955: XLI). A identificação acontecia em relação a uma determinada estrutura geo-política a tribo cuja autoridade que se reconhecia localmente como legítima. Todavia, o encontro colonial e a "disciplina" imposta quanto à organização social resultaram, como Mafeje alerta, em profundos impactos na realidade contemporânea. Para este autor (1971, p. 258), há uma diferença real entre o ser humano que, em nome da sua tribo, ambiciona manter a sua integridade e autonomia, e o ser que invoca a ideologia tribal para assegurar perpetuamente o

pelo encontro colonial. Nestes textos, os binarismos privilegiam sempre o primeiro termo, ou seja, o mundo desenvolvido, a referência actual ao espaço civilizado de há um século (MENESES, 2003).

[18] Ao contrário das antigas colónias britânicas na África sul-oriental, vizinhas de Moçambique, Portugal não implementou um regime efectivo de administração indirecta assente na fragmentação etno-racial do contingente negro. Isto explica, em parte, as dificuldades que ainda hoje se sentem em Moçambique ao tentar-se impor sistema de identificação étnica assente em pressupostos desenvolvidos a partir da tradição colonial inglesa.

[19] Após 30 anos de independência, Moçambique reconheceu formalmente, através da reforma constitucional de 2004, a existência de "autoridades tradicionais".

[20] Sobre este tema, veja-se, por exemplo, a discussão sobre o conceito de cidadão originário, durante a apresentação parlamentar do texto da II Constituição da República de Moçambique, no início da década de 1990. Uma forte corrente na altura defendia que as pessoas que estivessem em posição de provar que descendiam das populações que originalmente constituíram as fundações de Moçambique

seu lugar de poder, não na sua "área tribal", mas nas urbes modernas, com o objectivo último de debilitar e explorar o seu igual tribal. E como Mafeje reforça mais adiante, esta última posição não justifica, por si só, a existência de tribos; outrossim, ela é "a marca de uma falsa consciência por parte dos supostos membros das tribos, que subscrevem uma ideologia que é inconsistente com a sua base material, e que reforça a sua situação de explorados" (1971, p. 259). Compreender este fenómeno exige um recuo histórico. Em contexto colonial, as elites africanas educadas e as autoridades "tradicionais" começaram a falar em termos étnicos. A sua mensagem ecoava de forma particularmente atractiva entre as populações, as quais, vivendo em tempos de rápidas e drásticas mudanças, se refugiavam nas "novas" identidades como forma de enfrentarem a opressão colonial. Estas identidades étnicas têm de ser vistas de vários ângulos; por um lado, como momentos de resistência, que este autor designa de "etnicidade moral", vis a vis o "tribalismo político" que resultou da invenção colonial (e pós-colonial) dos grupos étnicos (LONSDALE, 1994, p. 31).

A criação de uma noção de cidadania com contornos raciais, assente em pressupostos legais oficiais, foi gradualmente congregando em pólos opostos grupos que formavam o mosaico social do espaço colonial. A tradição, a própria noção actual das tribos/grupos étnicos presentes no espaço colonial permanece nos dias de hoje fortemente influenciados pelo encontro colonial. Nesse sentido, longe de serem emanações continuas de um passado pré-colonial, devem ser vistas como estruturas sociais (re)criadas, reflectindo justamente a sua existência como produto de uma determinada dinâmica social e política.

Múltiplas memórias

Contestações, Confrontos e Resignificações

A tirania da imposição epistémica (MAFEJE, 1971; EKEH, 1990, p. 691) provocou uma distorção importante da experiência social africana, ao rigidificar a complexa realidade socio-cultural, apoiando atitudes etnocêntricas e racistas. Importa pois analisar, quer para o caso de África, quer para o mundo, as implicações contemporâneas resultantes de uma utilização persistente e acrítica de muitas noções e conceitos cujas raízes se encontram neste universo colonial racista. Os sistemas de valores encapsulados em conceitos como nação, etnia, tribo, civilização, cultura, serão, a partir do séc. XIX tratados não apenas como termos, como noções aplicadas a determinadas construções sociais, mas como factos em si, naturalizando o conhecimento que produziam sobre os "outros".

Em Moçambique, no pós-independência, o receio de fragmentar o país em pedaços reflexo de uma pseudo realidade pré-colonial, associado ao receio de não se ser considerado como na via do desenvolvimento seguida pelos Estados-nação europeus estiveram na raiz da opção de um projecto de nação de carácter super--étnico.[18] Foi este projecto de "nação" – de raiz ocidental – que se projectou como superior ao universo que era um Moçambique de nações. Para ultrapassar os vestígios de uma pertença diferenciada entre cidadãos de primeira ou de segunda, o Estado moçambicano impôs, a partir de cima, um sistema unificado: um sistema de partido único, um único sindicato, e uma única estrutura legal de matriz ocidental. Neste cenário, algumas etnias novas ou recriadas surgiam como dominantes, enquanto outras eram de novo subalternizadas ou relegadas a uma não-existência. No caso das "autoridades tradicionias", "inventadas" enquanto tal durante a época colonial, a necessidade de construção da modernidade, da extensão do projecto de cidadania no país levou a uma situação de exclusão do papel destas autoridades. Com efeito, os régulos foram, no pós-independência, apelidados de agentes do sistema colonial, descritos como veículos de uma ideologia retrógrada e passadista. Isto explica a recusa, até 2004,[19] em se reconhecer formalmente o papel dos régulos como agente catalisador das opiniões dominantes nas comunidades (rurais ou peri-urbanas). O resultado da tentativa de apagamento formal destas autoridades pelo Estado originou uma situação de "desligamento" identitário dentro do país: ou seja, o hiato entre o real e o legal foi aumentando. Num contexto de construção do projecto da "identidade moçambicana", onde as diversidade étnica era uma realidade, o afastamento e perpetuação da subalternização destas autoridades teve, como consequência a não identificação, por parte da maioria da população, com o projecto oficial do Estado (GEFFRAY, 1991; DINERMAN, 1999; WEST; KLOECK-JENSON, 1999; MENESES et al., 2003).

Quanto à raça, numa sociedade cuja cidadania foi, até à independência, executada de forma racializada, o Estado pós-independência recusou, mais ou menos de forma sistemática, discutir o tema de forma aberta, assumindo a homogeneidade da população que tinha sido alvo das políticas coloniais. Todavia, em vários momentos de questionamento quanto à pertença cidadã, este tema tem sido alvo de debate, especialmente sobre o sentido da moçambicanidade. Com a luta nacionalista, a noção de cidadão passou a ser sinónimo dos colonos opressores, enquanto os indígenas originários eram agora os moçambicanos. A polarização do negro e do branco, do colono e do moçambicano como colonizado, do cidadão e do súbdito era uma constante da relação colonial. Esta oposição, um dos principais motivos da luta de libertação nacional e da resistência, complicou-se nos últimos anos da presença colonial. Mas, ao contrário do que acontecia nas regiões vizinhas alvo da política colonial britânica (MAMDANI, 1996), em Moçambique, o informalismo do sistema colonial português não possibilitou uma instituição plena da desigualdade jurídica, política e económica

---

deveriam deter direitos e responsabilidades determinantes em relação ao governo da sua terra ancestral.

[21] A emergência do fenómeno multicultural, associado à expansão global económica contribuíram para a erosão parcial da noção raça enquanto referencia biológica. Mas a raça ressurge como sinónimo de identidade cultural, fundamentada através de características étnicas e tradicionais, uma das formas de resistência contra a tendência neo-liberal de dissolver a solidariedade e a diferença. Neste contexto a discriminação cultural e a xenofobia presente, em termos ideológicos e de políticas sociais, constitui, nos dias que correm, uma forma de "racismo sem raças" (BALIBAR, 1998).

entre europeus e indígenas sobre o pano de fundo de um racismo endémico.

Uma colagem à ideia produzida pelo encontro colonial de uma África "negra" a sul do Saara tem gerado, em vários contextos, um profundo debate sobre o sentido de cidadania. Poderá alguém não negro ser moçambicano? Importa ver que o Estado moçambicano, até agora, tem exercido a etnicização da população a partir de critérios linguísticos e biológicos, essencializando as suas representações através de identidades baseadas na cultura, no local de origem e num projecto colectivo presumidamente comuns.[20] O grande modelo para a interpretação da emergência da "nação" e do "nacionalismo" seguido até recentemente em Moçambique, pressupunha a luta contra um inimigo comum, simbolizado no "branco" como agente da intervenção colonial de Portugal, bem como a interpretação a partir de elementos "positivos", dos heróis, os quais são vistos como elementos de "coesão política" e de adesão a um projecto político comum, de uma dada comunidade nacional. Isto faz com que exista cada vez mais uma relação muito forte entre o nacionalismo e o racismo.[21] O que é visível em Moçambique, é que ao mesmo tempo que os antigos limites e fronteiras parecem dissolver-se perante o rápido fluxo de ideias, mercadorias e pessoas, instalou-se uma nova política de identidade que re-inscreve, limita e essencializa os elos entre a terra e os povos. O apelo a uma pressuposta unidade conferida pelo mesmo sangue dentro de Moçambique permite encobrir as diferenças de interesses na exploração estruturada da economia nacional; esta nova linguagem da raça justifica as aventuras económicas liberais, contribuindo, simultaneamente, para a unidade política interclassista da população.

O imaginário, o fictício entra no jogo quando se trata de forjar identidades colectivas. Tomar essa identidade como "natural" é esquecer ou recalcar a trama histórica de sua montagem, abrindo caminho para estigmatizações. Mas invocar a "invenção" da etnia, da tribo, da tradição, da nação não significa que estas não existem ou que os que as reclamam tenham uma visão deturpada da realidade. Importa antes entender que jogos sociais e que políticas de identidade se jogam nessa trama complexa, e porque é que em determinados momentos certas características se sobrepõem a outras, e quem detém o poder para decidir que certas características são "tradicionais" e outras o não são. O encontro entre as estruturas políticas locais e o Estado colonial produziu novas etnicidades com diversas variantes as quais, nos dias de hoje, constituem como um modo de acesso, de inclusão no contrato social que o Estado moderno representa, na distribuição dos recursos materiais e simbólicos que esse atributo constitui. Nos dias de hoje, a possibilidade de construção de um Estado assente em etnias está intimamente associada ao desafio da (re)apropriação. Esta pode ser definida como um fenómeno retroactivo (*feed back*) dos enunciados étnicos sobre os próprios actores sociais africanos. Ela refere-se assim à produção de identidades locais a partir do que Valentin Mudimbe (1988) descreve como a "biblioteca colonial". Neste sentido, o modo como os indígenas se vêm a si mesmos está ligado ao retorno das acções de conquista e de exploração colonial, assim como aos textos coloniais e pós-coloniais sobre a consciência de si mesmos. Disto resultam duas consequências imediatas: a importância dada à especificidade étnica pode resultar no obliterar deste fenómeno de inclusão; em segundo lugar, as re-apropriações sobre as quais se chama a atenção, devem ser vistas numa lógica dialéctica entre o importado e o já incluído e apropriado. Isto significa pois que esta apropriação não se efectua sobre uma *tabula rasa*; outrossim, ela realiza-se num contexto onde os mercados, a religião e as estruturas políticas africanos pré-coloniais imprimiram as suas marcas não só nos espaços directamente sobre seu controle, mas também nas suas margens e mesmo para além destas.

Uma distinção objectiva entre grupo étnico e nação é central para compreender a África contemporânea, na medida em que não é a identidade étnica que produz um sentido de identidade, de comunidade; pelo contrário, as evidências presentes sugerem que a etnicidade a expressão do sentido de identidade é que configura o perfil de uma dada comunidade ou grupo étnico. Para o caso de Moçambique, aqui analisado em maior detalhe, a etnicidade tem as suas raízes assentes na memória cultural, nas relações sociais formadas no passado e retidas no presente. A etnicidade emerge desta forma como cravada num desejo de autonomia resultante desta relação com um passado culturalmente entrançado no presente social. Sendo imaginária reflectindo um desejo futuro esta identidade é simultaneamente real, ao contrário da equação corrente que define o imaginário como não-existente.

O contexto sócio-histórico de Moçambique contrasta com a situação actual do Brasil, onde a "memória cultural" está fortemente marcada pela presença de grupos numérica e economicamente importantes de origens diversas (de África, de Ásia e da Europa). No panorama brasileiro, as raízes culturais da etnicidade (e a sua re-invenção contínua) aproximam-se bastante dos perfis étnicos produzidos pela modernidade ocidental. O "outro" no contexto do Brasil, como em inúmeros contextos europeus, permanece sendo o "subalterno" dos tempos coloniais, procurando a sua emancipação. Já em Moçambique, o "outro" subalterno foi (e continua sendo) também produto de processos coloniais locais (como sendo a criação da identidade Rhonga *vis a vis* o grupo hegemónico Nguni, ou ainda os Makhwa ou Makonde, de entre vários exemplos). As identidades são formadas por trajectórias culturais complexas e imprecisas, frequentemente cruzadas e reformadas. Neste sentido, as identidades não sendo puras, porque em constante mutação, são únicas, no sentido em que permitem uma diferenciação entre as pessoas (SANTOS, 2001). Este facto leva-nos a um segundo ponto, sobre o sentido de "nação". De facto, no período estudado, não é possível detectar uma distinção conceptual entre nações e grupos étnicos, pois as nações, no panorama africano pré-colonial (até meados do séc. XIX) são grupos de pessoas que se identificam a si mesmas com uma dada nacionalidade, com um sentido de pertença geo-político. Deste ponto de vista, a nação assume a forma de um agrupamento étnico, como é o caso dos Makhwa em Moçambique, o que levanta imensas questões, não resolvidas, sobre o sentido de espaço nacional e de identidade nacional. O anti-racismo exige a memória histórica em lugar de uma amnésia da consciência histórica, ao mesmo tempo que reclama um relacionamento estreito entre as condições globais e locais (SANTOS; MENESES, 2006). Isto exige a incorporação de um sentido descolonizador dentro das ciências sociais e uma exposição mais detalhada e criticamente aberta do legado colonial à ciência moderna.

Os Espectros da História Mundial Contemporânea

"África" como ideia e como objecto do discurso académico ou político assim como os povos que habitam o continente – tem sido activamente produzida na continuação da ideia colonial sobre o continente. Muito dos textos produzidos sobre África representam o continente através da fixação de "tribos" e de "raças", assumindo que estas geografias marcadas pela relação colonial ainda hoje permitem ter uma visão coerente do continente. A crítica recente de Yapa sobre este imaginário aponta exactamente para a recriação da dicotomia eu/outro e para o reforço das hierarquias sociais:

> Para os milhões de pessoas que habitam em África [...] estas imagens são uma lembrança permanente do que eles não são. Tudo o que eles possam ser [...] desaparece no esquecimento através de uma métrica universalizante que organiza de forma hierárquica os povos em função da sua contribuição em dinheiro para o consumo nacional médio. Eles são os coitados, os "malditos da terra", vivendo na periferia do sistema mundo. [...] Aos estudantes universitários norte-americanos é-lhes dito que os africanos vivem nos países menos desenvolvidos [...]. Jovens como são, eles já sabem que estão classificados acima de milhões de pessoas no mundo, acima dos habitantes dos países subdesenvolvidos. (2002, p. 43)

Retomando este tema, Boaventura de Sousa Santos apela a uma nova prática das ciências sociais, a uma "sociologia das ausências e das emergências", que permita dar a conhecer não só o que a ciência moderna teme escondido, mas também uma abertura das ciências e dos saberes especializados à pluralidade de perspectivas e de conhecimentos, apoiada nas experiências de intervenção e de organização dos cidadãos, com base num conhecimento guiado pela prudência e pela atenção às consequências da acção (SANTOS, 2003, 2006).

Como já havíamos referido anteriormente, quer a iconografia, quer as descrições e análises sobre o espaço colonial contribuem para propagar uma imagem particularmente negativa do "nativo", como indolente, iletrado, promíscuo, sem religião ou, pior ainda, devoto de estranhos rituais, economicamente atrasado, recorrendo a formas de saber primárias e locais. África, enquanto conceito não se conjuga no paradigma da diferença entre o Ocidente e o resto do mundo; África continua "refém" de um imaginário de diferença e alteridade levados ao paroxismo do absoluto/ total (MUDIMBE, 1988), simbolizando o intratável, o mundo sem voz, o abjecto, o passado tradicional, etc. Vista deste prisma, África permanece o momento de referência última que justifica a existência de um mundo civilizado, pólo da direcção do progresso do ocidente, não por oposição, mas por inexistência (SANTOS, 2003). Os grupos étnicos (as "tribos" africanas) e a "África Negra" persistem neste imaginário como um recipiente de acções, como referências culturais de um passado presente.

Um enfoque sobre os espaços do império e sobre as questões da racialização e etnicização destes espaços pode apontar caminhos para uma teorização mais adequada da história universal. A constituição mútua do Norte e do Sul e a natureza hierárquica das relações Norte-Sul estão cativas da persistência das relações capitalistas e imperiais. A relação colonial de exploração e dominação persiste nos dias de hoje, sendo talvez o a colonização epistémica o eixo mais difícil de ser abertamente criticado. A relação global etno-racial dos Europeus *vis a vis* os não europeus é parte da relação global capitalista; nos dias de hoje esta relação é personificada pela expressão Europa como "sociedade do conhecimento", assumindo-se implicitamente a existência de um espaço subalterno onde se "localizam" os conhecimentos dos outros povos. Esta hierarquização de saberes, juntamente com a hierarquia de sistemas económicos e políticos, assim como com a predominância de culturas de raiz eurocêntrica, tem sido apelidada por vários académicos de "colonialidade do poder" (SAID, 1978; CÉSAIRE, 1978; DUSSELL, 1994; QUIJANO, 2000; SANTOS, 2003). Uma das expressões mais claras da colonialidade das relações de poder acontece com a persistência da colonização epistémica, da reprodução de estereótipos e formas de discriminação. Os grupos identitários considerados inferiores, ou seja, os que estão nos escalões mais baixos da hierarquia etno-racial estão normalmente associados a imagem e representações negativas. Se antes os africanos eram os preguiçosos sem saberes, hoje a África negra é o continente atrasado, necessitando de ajuda internacional económica e científica do Ocidente para se afirmar no espaço mundo. Esta posição procura explicar nos nossos dias a especificidade africana como distinta ou exótica, fazendo com que as propostas de alternativas se tornem quase irrealizáveis. O legado africano dissolve-se internamente, impossibilitando que esta experiência tão rica possa ser absorvida por um *corpus* teórico mais amplo, integrando África no mundo, em lugar de sistematicamente a marginalizar ou excluir. Ou seja, embora a cultura racista não tenha sido conceptualizada como instrumental para a acumulação capitalista, ela foi e continua a ser parte integral e uma característica essencial do capitalismo moderno.

Um dos problemas decorrentes do legado académico imperial no campo das ciências sociais contemporâneas deriva do facto de muitos académicos pensarem que, ao designar algo, estão implicitamente a compreendê-lo. E de facto, será que o discurso sobre as tribos e a paisagem socio-cultural africana reflecte, na realidade, a complexidade vista agora na perspectiva do "outro" sobre o qual se escreve? A imposição monocultural do modelo de desenvolvimento social provocou, a subalternização e mesmo a cegueira em relação às estruturas de poder existentes no continente, ao mesmo tempo que permitiu declarar a incapacidade dos africanos para manusear ideias e conceitos abstractos complexos. As hierarquias de superioridade cultural dos dias de hoje reproduzem os critérios físicos e culturais usados no passado para hierarquizar o mundo. Os grupos que têm, ao longo da história, mantido uma relação colonial imperial forte, continuam hoje a estar particularmente vulneráveis às representações negativas sobre as suas identidades. A persistência da colonização epistémica, de um universalismo monista na observação e interpretação do o mundo reafirma a necessidade de continuar a lutar pela descolonização do saber e das representações (SANTOS, MENESES; NUNES, 2005; SANTOS, 2006, p. 98-99).

Criando histórias no mundo

A etnia, a tradição, a própria noção de África, são sem dúvida estruturas sociais inventadas, reflectindo justamente a sua existência como produto de uma determinada dinâmica social e política. Uma análise universalista destes conceitos arrisca-se a eliminar a presença de estruturas sociais evidentes. Uma análise detalhada sobre o relacionamento entre colonizadores e colonizados permite perceber como a construção da alteridade acontece dentro de um sistema de interpretação, que os transforma de modo a atribuir-lhes novos significados. A "invenção" e o "reforço" da tradição permitiram, aos africanos, durante o confronto colonial, manipular identidades, obrigando ao reforço de comunidades atingidas pela violência imperial, e evitando assim a erosão da autoridade (RANGER, 1988; 1993; VAIL, 1989; SANTOS; MENESES, 2006).

O que importa antes saber é que jogos sociais e que políticas de identidade se jogam nessa trama complexa, e porque é que em determinados momentos certas características identitárias se sobrepõem a outras. A questão da identidade do conhecimento, deve, pois, ser vista dentro do campo mais vasto do social e do político, onde o Estado pode ser analisado como sendo um local privilegiado de definição e recomposição de identidades, como um momento problema de afirmação da cidadania. A desintegração cultural do "outro" produzida por mecanismos que incluem a desqualificação e a estigmatização das "outras culturas" como inferiores, detentoras de valores morais não civilizacionais (indo ao extremo de aniquilar estas culturas, porque não parte da noção de "moral e progresso"), perpetua-se em espaços póscoloniais, ao se assumirem os espaços geográficos esquartejados pela partilha de África como tendo forjado, na luta anti-colonial uma identidade nacional. Como consequência, surgem situações de conflito, de revolta, etc.

O racismo em situações pós-coloniais é difícil de definir, embora os seus efeitos se manifestem, sem margem de dúvida, em evidências materiais. Esta forma de racismo, exercida de forma encoberta, mantém os preconceitos agora escondidos sob o que se pode designar de "igualdade selectiva". Como é o caso do debate sobre as quotas no Brasil, o racismo pós-colonial pode reconhecer, por exemplo, a situação de desigualdade histórica em que se encontrem os membros de alguns grupos etno-raciais, embora critiquem o que consideram "um excesso" de apoio a estes cidadãos pelo Estado. Uma outra expressão desta nova forma de racismo manifesta-se pelo sentido da imcomensurabilidade da diferença cultural; neste último sentido, o racismo culturalmente motivado defende não só a impossibilidade de aproximação entre culturas, como hierarquiza (como antes o fazia com as raças) estas diferenças. Em suma, as expressões racistas pós-coloniais são uma mistura de preconceitos com profundas raízes históricas, reconfigurados nos novos contextos da sociedade capitalista neo-liberal. As várias facetas do racismo em contextos pós-coloniais demonstram que a globalização ajudou a criar uma rede de provincialismos que competem entre si, muito em evidência (mas não apenas) no Ocidente; este facto aponta para a emergência de novas lutas anticoloniais, ao mesmo tempo que alerta para o reforço das "velhas" formas de colonialismo interno, historicamente ligados aos poderes dominadores e a Estados autoritários.

Desafiar a socialização do mundo através de análises binárias deve constituir uma dos pontos centrais de uma política anti-racista da história. Só assim será possível ultrapassar as fronteiras impostas pela colonização epistémica, e desafiar as formas de racismo "sem raça", colocando a questão da justiça cognitiva como parte central do processo de democratização social (Santos Meneses; Nunes, 2005; Santos, 2006).

Este texto procura mostrar que a etnicidades que hoje encontramos presentes em África não foram apenas identidades aceites a partir de cima, pelas elites, mas que os seus actores têm tido um papel importante na construção das suas próprias identidades. Esta versão "comum" das identidades étnicas está frequentemente em desvantagem face a uma leitura académica e política que analisa as identidades a partir da perspectiva das elites. Neste sentido, importa analisar as identidades como atitudes relacionais, em permanente mudança e ajuste, e não como meras construções abstractas. Em sociedades multiculturais, como é o caso de Moçambique, a realização da identidade étnica implica sempre a alteridade. Todos os grupos presentes no território são parte de uma sociedade plural, e apenas situações de privilégio de um dado grupo provocam o desequilíbrio das relações e os conflitos. Em suma, as situações identitárias contêm em permanência momentos de fusão e de fissão étnicas. Assim, as fronteiras étnicas são fenómenos periféricos no paradigma identitário, fenómeno particularmente visível quando se privilegia as continuidades e inclusões às situações de diferença e ruptura. A resistência à homogeneização, à dissolução identitária, atribuindo sentidos específicos a realidades experimentadas a cada passo é um veículo de afirmação do direito à diferença, exemplo da constituição de um espaço nacional Moçambique repleto de identidades.

Referências

ALMEIDA, A. *Esboço histórico das organizações tradicionais dos regulados indígenas de Angola e Moçambique*. Lisboa: Apresentação ao Congresso Colonial, 1940.

ANDERSON, B. *Imagined communities: reflections on the origin and spread of nationalism*. London: Verso, 1983.

APPADURAI, A. *Modernity at large*. Minneapolis: University of Minnesota Press, 1996.

APPIAH, K. A. Cosmopolitan patriots. In: CHEAH, P.; ROBBINS, B. (Eds.). *Cosmopolitics*. Minneapolis: University of Minnesota Press, 1998, p. 91-116.

BALIBAR, E. The borders of Europe. In: CHEAH, P.; ROBBINS, B. (Eds.). *Cosmopolitics*. Minneapolis: University of Minnesota Press, 1998, p. 216-232.

CÉSAIRE, A. *Discurso sobre o colonialismo*. Lisboa: Editora Sá da Costa, 1978.

CHAKRABARTY, D. *Provincializing Europe*. Princeton: Princeton University Press, 2000.

CHANOCK, M. *Law, custom and social order*. New York: Cambridge University Press, 1985.

COVANE, L. A. *O trabalho migratório e a agricultura no sul de Moçambique*. Maputo: Promédia, 2001.

DINERMAN, A. O surgimento dos antigos régulos como "chefes de produção" na Província de Nampula – 1975-1987. *Estudos Moçambicanos*, 17, 1999, p. 95-246.

DIOUF, M. *Histoire indienne en débat*. Paris: Kharthala, 1999.

DIRLIK, A. Performing the world: reality and representation in the making of world histor(ies), *Journal of World History*, 16(4), 2006.

DUSSEL, E. D. *1492: El encubrimiento del otro, hacia el origen del "mito de la modernida"*. La Paz: Plural Editores y Universidad Mayor de San Andrés, 1994.

EKEH, P. P. Social anthropology and two contrasting uses of tribalism in Africa. *Comparative studies in society and history*, 32(4), 1990, p. 660-700.

GEFFRAY, C. *A causa das armas em Moçambique*. Porto: Afrontamento, 1991.

GILBERT, E.; REYNOLDS, J. T. *Africa in world history*. Upper Saddle River: Prentice Hall, 2004.

GILROY, P. *Black Atlantic: modernity and double consciousness*. Cambridge: Harvard University Press, 1993.

LONSDALE, J. Moral ethnicity and political tribalism. In: KAARSHOLM, P.; HULTIN, J. (Eds.). *Inventions and boundaries*. Occasional Paper n. 11, p. 131150. Roskilde: International Development Studies, Roskilde University, 1994.

MAFEJE, A. The ideology of "tribalism", *The Journal of Modern African Studies*, 9(2), 1971, p. 253-261.

MAMDANI, M. *Citizen and Subject*. Princeton: Princeton University Press, 1996.

MENESES, M. P. G. O Pecado Original ou a Ideia de Raça, *Trabalhos de Arqueologia e Antropologia*, 6, 1989, p. 51-63.

MENESES, M. P. G. Agentes do conhecimento? A consultoria e a produção do conhecimento em Moçambique. In: SANTOS, B. S. (ed.). *Conhecimento prudente para uma vida decente: "Um discurso sobre as Ciências" Revisitado*. Porto: Afrontamento, 2003, p. 683-715.

MENESES, M. P. G.; FUMO, J.; MBILANA, G.; GOMES, C. As Autoridades Tradicionais no Contexto do Pluralismo Jurídico. In: Santos, B.S.; Trindade, J.C. (eds.). *Conflito e transformação social: uma paisagem das justiças em Moçambique*. Porto: Afrontamento, v. 2, 2003, p. 341-420.

SANTOS, B. S.; MENESES, M. P. G.; NUNES, J. A. (2005). Introdução: para ampliar o canone doreconhecimento, da diferença e da igualdade. In: Santos, B. S. (ed.). *Reconhecer para libertar: os caminhos do cosmopolitismo cultural*. Rio de Janeiro: Civilização Brasileira, 2005, p. 25-68.

MUDIMBE, V. Y. *The invention of Africa*. Bloomington: Indiana University Press, p. 1988.

O'NEILL, H. E. On the coast lands and some rivers and ports of Mozambique, *Proceedings of the royal geographical society and monthly record of geography*, 4 (10), 1882, p. 595-605.

OLIVEIRA MARTINS, J. P.. *O Brasil e as colónias portuguesas*. Lisboa: Parceria António Mário Pereira, 1904 (1880).

PENVENNE, J. M. *African workers and colonial racism: Mozambican strategies and struggles in Lourenço Marques*. London: James Currey, 1995.

PROVÍNCIA DE MOÇAMBIQUE. *Recenseamento geral da população em 1950. Volume III – População não civilizada*. Lourenço Marques: Imprensa Nacional, 1955.

QUIJANO, A. Colonialidad del poder y classificacion social, *Journal of World-Systems Research*, 6 (2), 2000, p. 342-386.

RANGER, T. The invention of tradition in colonial Africa. In: HOBSBAWM, E.; RANGER, T. (Eds*.). The invention of tradition*. Cambridge: Cambridge University Press, 1988, p. 211-262.

RANGER, T. Missionaries, migrants and the Manyika. In: VAIL, L. (Ed.). *The creation of tribalism in southern Africa*. Berkeley: University of California Press, 1989, p. 118-50.

RANGER, T. The invention of tradition revisited: the case of colonial Africa. In: RANGER, T.; VAUGHAN, O. (Eds.). *Legitimacy and the state in twentieth-century Africa: essays in honour of A.H.M. Kirk-Greene*. London: Macmillan, 1993, p. 62-111.

SAID, E. *Orientalism*. New York: Vintage Books, 1978.

SAID, E. *Culture and imperialism*. New York: A. Knopf, 1993.

SANTOS, B. S. Entre Próspero e Caliban: colonialismo, pós-colonialismo e inter-identidade, In: RAMALHO, M. I.; SOUSA RIBEIRO, A. (eds.). *Entre ser e estar: raízes, percursos e discursos de identidade*. Porto: Afrontamento, 2001, p. 23-113.

SANTOS, B. S. Para uma sociologia das ausências e uma sociologia das emergências. In: SANTOS, B.S. (ed.). *Conhecimento prudente para uma vida decente: 'um discurso sobre as ciências' Revisitado*. Porto: Afrontamento, 2003, p. 735-775.

SANTOS, B. S. *A gramática do tempo*. São Paulo: Cortez Editora, 2006.

SANTOS, B. S.; MENESES, M. P. G. *Identidades, colonizadores e colonizados: Portugal e Moçambique*. Coimbra: Relatório de pesquisa, 2006.

STANLEY, H. M. *Através do continente negro*. Lisboa: Empresa Horas de Viagem, 1881, 3 volumes.

TEIXEIRA BOTELHO, J. J. *História militar e política dos portugueses em Moçambique de 1833 aos nossos dias*. Coimbra: Imprensa da Universidade, 1921.

ULRICH, R. E. *Política colonial*. Coimbra: Imprensa da Universidade, 1909.

VAIL, L. Introduction: ethnicity in southern African history. In: VAIL, L. (Ed.). *The Creation of Tribalism in Southern Africa*. London: James Currey, 1989, p. 1-19.

WERBNER, R. Introduction: multiple identities, plural arenas. In: WERBNER, R.; RANGER, T. (Eds.). *Postcolonial identities in Africa*. London: Zed Books, 1996, p. 1-25.

WEST, H. G.; KLOECK-JENSON, S. Betwixt and between: "traditional authority" and democratic decentralization in post-war Mozambique, *African Affairs*, 98, 1999, p. 455-484.

WOLF, P. Race and racialisation: some thoughts, *Postcolonial tudies*, 5, 2002, p. 51-62.

World Bank. *Tribal peoples and economic development: human ecological considerations*. New York: World Bank, 1982.

WRIGHT, D. *The world and a very small place in Africa: a history of globalization in Niumi, the Gambia*. New York: M.E. Shape, 2004.

YAPA, L. How the discipline of geography exacerbates Poverty in the Third World, *Futures*, 34, 2002, p. 33-46.

YOUNG, C. *The politics of cultural pluralism*. Madison: University of Wisconsin Press, 1976.

O silêncio do racismo em Portugal:
o caso do abuso verbal racista na escola[1]
Marta Araújo

As formas quotidianas de racismo têm merecido pouca atenção em Portugal, sobretudo na área da educação. A ideia de que somos um país de "brandos costumes", mito herdeiro do *lusotropicalismo*, ajuda a que frequentemente se desracializem as relações sociais. Isto é particularmente evidente em zonas geográficas em que as populações marcadas racial e etnicamente[2] têm menor visibilidade, como aquela onde realizei o estudo a que farei referência. Este foi um estudo exploratório de natureza etnográfica que incidiu sobre duas escolas com o ensino obrigatório em Portugal. Neste texto, irei analisar o modo como situações quotidianas de racismo são despolitizadas institucionalmente, ilustrando com o caso do abuso verbal racista entre alunos e a forma como as escolas estudadas acabavam por silenciar o racismo. Pretendo salientar a importância de compreender as expressões do racismo em educação e a necessidade deste ser estudado no seu contexto histórico, social e cultural.

O estudo: contexto e estratégia metodológica

Em Portugal, a maioria da produção científica sobre temáticas relacionadas com a diversidade cultural, inclusivamente em educação, tem sido realizada em Lisboa ou no Porto, onde as populações ditas étnicas minoritárias tendem a fixar-se. Parece haver um certo consenso académico de que os processos de discriminação racial e étnica poderão ser melhor compreendidos onde há uma maior visibilidade desses grupos. Esta abordagem resulta de uma leitura do racismo como resultando

---

[1] Este texto baseia-se num estudo iniciado no âmbito de um programa de Pós-Doutoramento financiado pela Fundação para a Ciência e a Tecnologia (ref.14672/2003) e que o Centro de Estudos Sociais da Universidade de Coimbra (Portugal) acolheu.

[2] Com esta terminologia, depois de Sayyid (2004), pretende-se desnaturalizar a utilização dos conceitos de "raça" e "etnia", alertando para que tanto um como outro são construções históricas e sociais, indissociáveis do projecto colonial.

[3] Não se pretende desvalorizar a importância das questões materiais entre as causas e consequências da

do contacto com o "outro" que surge (unicamente) através da imigração e não do colonialismo. Isto implica que a discriminação racial e étnica depende (da presença) do objecto mais do que do sujeito que a exerce, o que nos remete para o "imaginário imigrante" (SAYYID, 2004), particularmente para a ideia de que é o confronto entre a "exoticidade" do "imigrante" e a "modernidade" da sociedade que o acolhe que produz o racismo. Pelo contrário, neste trabalho defendo que o racismo circula de uma forma poderosa em todas as esferas da vida quotidiana devido às representações sociais e históricas que persistem na nossa sociedade, sobretudo devido ao passado colonial de Portugal. Assim, escolhi deliberadamente estudar um contexto visto como culturalmente homogéneo, onde a presença de populações marcadas étnica e racialmente é menos visível. Neste tipo de contextos, que Connolly e Keenan (2002) designam por 'províncias brancas', tende a predominar uma abordagem que assume 'não haver problemas' de integração precisamente devido à menor visibilidade destas minorias.

O estudo sobre o qual incide este artigo foi realizado em duas escolas de uma cidade de tamanho médio na zona norte de Portugal e teve como objectivo explorar os processos através dos quais várias formas de racismo se manifestam nas experiências escolares quotidianas de alunos de minorias racializadas de ambos os sexos e diversas origens sociais, e com que consequências. As escolas foram escolhidas com base no seu interesse em participar neste projecto de investigação. Com a decisão de incluir uma escola pública e outra privada, o meu intuito foi menos o de realizar um estudo comparativo do que o de incluir uma variedade de contextos e participantes. A decisão de incluir no estudo a escola privada em questão deveu-se ao facto de os jovens negros africanos que a frequentam terem, regra geral, um estatuto socio-económico superior ao dos seus colegas. Este aspecto interessava-me particularmente devido à crença que circula no senso comum de que o racismo tem como objecto o "negro pobre", herdeira de algumas abordagens materialistas ao racismo. Assim, incluir no estudo estudantes com um estatuto socio-económico favorecido poderia ajudar a evidenciar como, apesar de um certo privilégio material, as representações (veiculadas quer nos media quer na própria escola, nos curricula e nos manuais escolares) são essenciais na produção de processos de discriminação racial e étnica[3]. Como Philomena Essed (1991), defendo assim que o racismo deve ser visto como sendo tanto estrutural como simbólico, resultando de conflitos por recursos materiais *e* culturais.

A escola privada lecciona todos os níveis de ensino, do pré-escolar ao secundário (aproximadamente dos 3 aos 18 anos de idade). Declarando publicamente o seu comprometimento com o multiculturalismo, a escola é conhecida por atrair famílias africanas socialmente privilegiadas que enviam os filhos para Portugal com o intuito

---

discriminação, mas tão somente de enfatizar que mesmo aqueles que são mais favorecidos do ponto de vista socioeconómico têm de lidar com o racismo no seu quotidiano, ainda que de formas diversas consoante o sexo, o género, a idade, a religião, o domínio da língua portuguesa, etc.

[4] É de salientar que havia solicitado às escolas turmas com alunos de minorias etnicizadas/racializadas, e não especificamente alunos negros.

de lhes proporcionar uma 'boa educação'. De forma geral, estes jovens regressam aos seus países de origem depois de concluídos os estudos (comummente de nível universitário). Os estudantes desta escola com outras origens nacionais são cerca de 10 por cento da comunidade estudantil, vindo na sua maioria dos PALOP (Países Africanos de Língua Oficial Portuguesa). Apesar de a escola ser privada, os alunos portugueses de origens sociais desfavorecidas que nela frequentam o ensino obrigatório são subsidiados pelo Estado, pelo que a comunidade escolar é diversa em termos de origem socioeconómica. Nas duas turmas estudadas, os alunos dos PALOP eram mais favorecidos socialmente que os seus colegas.

A escola pública educa crianças e jovens do 5º ao 9º ano (aproximadamente dos 10 aos 15 anos de idade). Não faz qualquer menção à diversidade da população escolar nos seus documentos oficiais, sendo que apenas quatro por cento dos seus alunos é visto como tendo origens minoritárias. Três dos quatro alunos de minorias racializadas/etnicizadas nas duas turmas estudadas nasceram nos PALOP, eram órfãos (de pai ou mãe, ou ambos), estando institucionalizados, e tinham origens sociais mais desfavorecidas que os seus colegas. Entre os estudantes entrevistados havia ainda uma aluna chinesa. É de notar que duas outras alunas destas turmas poderiam ainda enquadrar-se neste estudo (por em ambos os casos terem um pai negro nascido num dos PALOPs, apesar de não residirem actualmente com eles), mas a escola não as assinalou como sendo de origens minoritárias. Este exemplo alerta-nos para o modo como as categorias raciais e étnicas são construídas: ao contrário do que acontecia com estas duas alunas (de pele bastante clara), uma outra aluna, negra e adoptada por um casal português branco quando tinha um ano de idade, era assinalada pela escola como sendo de uma 'minoria étnica' (muito provavelmente por causa da cor da pele). Este caso ilustra assim a operação de critérios raciais na definição de pertença. Como Neusa Gusmão (2004, p. 155) sugere, 'Ser português negro é, portanto, um desafio que implica ser e não ser de um lugar que não o vê como tal'.

Participaram então neste estudo 75 alunos do 6º e do 9º ano (cerca de 11 e 14 anos de idade respectivamente). Nas turmas de ambas as escolas estudadas, 12 dos 13 estudantes assinalados como sendo de 'minorias étnicas' tinham nascido num outro país, com um tempo de residência em Portugal que variava entre os três e os dez anos. Todos estes estudantes eram negros[4], excepto a aluna chinesa. Estudar o racismo através das experiências de alunos negros pode ser entendido como contribuindo para reforçar estereótipos de um dualismo negro-branco, em que o negro é visto como vítima do branco agressor, em vez de ajudar a explorar as complexidades das expressões contemporâneas dos racismos (MAC AN GHAILL, 1999). Não obstante, as desvantagens geradas pela construção social da diferença vista como racial têm sido frequentemente ignoradas em Portugal, tanto na academia como na política.

---

[5] Apesar de Alexandre (1999) notar que a ideia já circulava desde finais do século XIX entre a elite portuguesa.

[6] Deve ser notado que nos anos 30 e 40, o regime salazarista rejeitava a tese lusotropicalista de Freyre, e que, mesmo subsequentemente, a questão da miscigenação biológica causou sempre grandes reservas em Portugal

Assim, o meu objectivo é o de trazer para o debate a continuidade da importância dessas diferenças (ligadas a características fenotípicas e que são geradoras de desigualdades antes mesmo da cultura ser expressada), num período em que as práticas e políticas educativas tendem a incidir quase exclusivamente sobre as diferenças ditas culturais.

Neste estudo usei a etnografia como estratégia de investigação, por me possibilitar uma aproximação à complexidade do mundo social dos participantes que me permitisse compreender os significados que atribuem às suas experiências quotidianas (HAMMERSLEY; ATKINSON, 1995). Os métodos de investigação utilizados neste estudo foram entrevistas semi-estruturadas, observação directa de aulas e a recolha de documentos das escolas. Além dos 75 alunos, foram entrevistados 21 dos seus professores, os directores de ambas as escolas e duas psicólogas escolares. Em cada turma, a observação de aulas centrou-se em duas disciplinas, uma vez que pretendia observar os alunos e as suas interacções com professores em contextos academicamente diversos. Foram observadas aulas de Formação Cívica em todas as turmas, uma vez que esta disciplina é considerada como tendo um estatuto académico menor, ser vista como "fácil" por não ter exames escritos e por promover uma atitude mais relaxada na sala de aula. Foi depois escolhida uma segunda disciplina em cada turma entre aquelas com maior estatuto académico, consideradas mais "difíceis" e estruturadas, dependendo da disponibilidade de cada professor em participar no estudo. Essas disciplinas foram a Matemática, Língua Portuguesa ou História e Geografia Portuguesa. Foram observadas 80 aulas. Por fim, foram recolhidos documentos oficiais das escolas, incluindo o regulamento e projecto educativo da escola, processos individuais de aluno, incidentes disciplinares e tabelas de resultados nos testes escritos. Os dados estão a ser analisados a partir do método de codificação proposto pela *grounded theory*, de Glaser e Strauss (1967; ver também STRAUSS; CORBIN, 1998).

O papel que desempenhei "no campo" durante a recolha de dados poderia ser descrito, de acordo com a classificação de Gold (1958), como *participante-enquanto-observador*, no sentido em que dei prioridade à observação relativamente à participação na vida escolar. Esta opção deve-se à forma como tentei estabelecer relações de confiança com os participantes neste estudo. Com os alunos, tentei ampliar situações de cumplicidade. Por exemplo, nunca denunciei actos de indisciplina durante a ausência momentânea dos professores da sala de aula (nos vários contextos escolares onde realizei investigação, este é visto por muitos alunos como um teste de confiança). Dada a sensibilidade do tema de investigação, e sendo eu uma investigadora branca, estabelecer esse nível de confiança com os alunos negros é fundamental. Outras questões ligadas à minha identidade foram também ponderadas. Em particular, o facto de ter uma aparência relativamente jovem e mostrar disponibilidade para ouvir os alunos sobre qualquer assunto que quisessem partilhar comigo ajudou a estabelecer relações amigáveis e de confiança. Por último, as entrevistas foram realizadas com grupos de dois alunos, em pares escolhidos pelos próprios, o que permitiu com que estes se sentissem mais à vontade. Junto dos professores e outro pessoal não docente, os quais pareciam sentir-se mais confortáveis com o momento da entrevista (talvez por pressuporem que, como adulta da mesma origem cultural, me identificava automaticamente com eles), tentei sobretudo manter uma postura de empenho profissional e disponibilidade para ouvir relatos das suas experiências, preocupações e problemas enquanto docentes, num período de insatisfação geral com as políticas educativas nacionais, de grande impacto nas suas carreiras profissionais.

O mito da marginalidade do racismo em Portugal

Quando iniciei este estudo, foi manifesto o modo como os professores entrevistados repetidamente retratavam a sociedade portuguesa como sendo quase que "imune" ao racismo, ainda que por vezes de forma menos explícita. A ideia de que os portugueses não *são* racistas apareceu como estando associada ao mito de que não *foram* racistas; este é o mito do *lusotropicalismo*, segundo a qual o colonialismo português teria sido de certa forma benevolente ou "amigável".

A ideia do *lusotropicalismo* foi desenvolvida pelo sociólogo Gilberto Freyre (1933) nos anos 30 do século passado na obra *Casa Grande e Senzala* (CASTELO, 1998)[5]. Segundo Freyre, os portugueses teriam uma aptidão particular para a miscigenação biológica e inter-penetração cultural com os povos dos trópicos que levaria à criação de sociedades multirraciais harmoniosas. Supostamente, isto poderia ser constatado na existência de contactos "íntimos" entre os colonos portugueses e os colonizados, seja em contactos sociais amigáveis ou na possibilidade de terem relações sexuais com as mulheres "nativas". Para Freyre, as relações sociais dos portugueses nas suas "colónias ultramarinas" eram caracterizadas pela integração e não pela dominação ou assimilação, sendo essa a especificidade das relações coloniais que estabeleceram (ALEXANDRE, 1999; CASTELO, 1998; VALENTIM, 2005). O *lusotropicalismo*, ideia trabalhada para explicar o "sucesso" da sociedade multirracial brasileira, tornou-se particularmente relevante em Portugal quando foi parcialmente adoptado pelo regime salazarista no início dos anos 50[6]. Isto aconteceu depois de vários impérios europeus terem sido forçados a rever as suas políticas de colonização após da declaração de independência da União Indiana, numa altura em que cresciam os ataques internacionais à ditadura e colonização portuguesas (ALEXANDRE, 1999). Em 1951, uns meses após a revisão constitucional realizada em Portugal para remover vestígios do seu regime colonial (expressões como "colónias" foram então substituídas por "províncias ultramarinas"), Freyre visitou o país (ALEXANDRE, 1999; CASTELO, 1998). Com a sua aprovação, o *lusotropicalismo* foi apropriado na sua dimensão cultural para construir a ideia de que Portugal era uma nação multicon-

---
(ver CASTELO, 1998).

[7] Apesar de só em 1961 ter sido garantida a cidadania portuguesa a todos os cidadãos residentes nas então colónias portuguesas (ALEXANDRE, 1999).

[8] Sobre exemplos de desracialização na educação portuguesa ver Araújo; Pereira, 2004.

[9] Nas entrevistas, não introduzi perguntas que estivessem directamente relacionadas com o racismo e a discriminação racial e étnica de modo a tentar compreender a importância que elas tinham para os

tinental, "do Minho a Timor". Com o argumento de que as relações entre colonos e colonizados eram harmoniosas e pacíficas, e que todos pertenciam à mesma nação, tentava-se fazer com que a descolonização parecesse desnecessária[7] (ALEXANDRE, 1999; CASTELO, 1998; VALENTIM, 2005).

Apesar de o *lusotropicalismo* ser mais um projecto ou aspiração, é importante notar que contribuiu para silenciar e obscurecer as realidades e práticas da colonização portuguesa, designadamente a existência de exploração económica e o facto de não ter havido reciprocidade cultural. Significativamente, o racismo e uma visão do "outro" Africano como sendo inferior e incivilizado manteve-se, apesar de Freyre considerar que eram excepções "ao modo português de estar no mundo" (CASTELO, 1998). A tese *lusotropicalista* ajudou também a reforçar a construção de uma identidade nacional fortemente alicerçada na nossa história colonial, supostamente caracterizada pela abertura e tolerância a outros povos e culturas (CARDOSO, 1998). Ainda que possa haver uma especificidade das relações coloniais portuguesas, resultantes do estatuto semi-periférico de Portugal no sistema mundial em que o colonialismo português era ele próprio subalterno do colonialismo britânico (SANTOS, 2006), penso que não poderemos assumir de forma linear que, como consequência das relações coloniais que desenvolveu, a sociedade portuguesa de hoje seja mais tolerante e vocacionada para a interculturalidade do que outras sociedades coloniais. A própria longa duração do colonialismo e da ainda recente ditadura portuguesas ajudou a silenciar desigualdades e atrasou a reflexão sobre a condição pós-colonial de Portugal.

Aliás, apesar de terem sofrido alterações com o decorrer do tempo, e particularmente desde o fim da ditadura em Abril de 1974, algumas ideias de cariz *lusotropicalista* têm sobrevivido até aos nossos dias (ALEXANDRE, 1999). O mito de que os portugueses não são racistas e são até mais tolerantes que outros povos surge ocasionalmente em discursos oficiais. Como notam Cardoso (1998) e Valentim (2005), no preâmbulo ao despacho normativo que criou a nossa primeira instituição concebida para trabalhar a questão da educação para a diversidade (o Secretariado Coordenador de Programas de Educação Multicultural), pode ler-se:

> A cultura portuguesa, marcada por um universalismo procurado e consciente e pelos múltiplos encontros civilizacionais que, ao longo dos séculos, têm permitido o acolhimento do diverso, a compreensão do outro diferente, o universal abraço do particular, é uma cultura aberta e mestiçada, enriquecida pela deambulação de um povo empenhado na procura além-fronteiras da sua dimensão integral.
>
> Portugal orgulha-se, hoje, de ser o produto errático de uma alquimia misteriosa de fusão humana que encontrou no mar, mistério a descobrir e a aproximar, o seu solvente ideal e o seu caminho de aventura.
>
> Cumprida uma fascinante peregrinação de séculos, Portugal retorna ao seio do

participantes.

[10] Ver a história e trajectória de alguns epítetos racistas nos Estados Unidos da América em DELGADO;

continente europeu e integra-se no seu espaço cultural de origem, contribuindo, com a mundividência que o caracteriza, para a efectiva construção de uma Europa aberta, solidária e ecuménica. (Despacho Normativo n° 63/91, preâmbulo)

Não obstante o ter sido produzida num contexto social e histórico específico, esta citação ilustra bem a forma como concepções derivadas do mito do *lusotropicalismo* fazem parte do nosso quotidiano. O imaginário dos portugueses que partiram "à descoberta" de outros povos e terras é geralmente dissociado do colonialismo e de qualquer concepção crítica sobre relações culturais, políticas e económicas desiguais (ver, por exemplo, COSTA; LACERDA, 2007), sendo que os media têm desempenhado um papel importante na sustentação desse mito. Como sugere Cardoso (1998), esta ideologia ajudar a manter a ideia de que os portugueses são naturalmente anti-racistas, o que é particularmente significante dado que muitos professores em Portugal foram assim socializados (CORTESÃO; STOER, 1996). Aliás, esta ideia foi articulada por participantes no meu próprio estudo. Quando conversava com um professor relativamente a questões de integração dos estudantes africanos na escola, este comentou:

> ... Quais foram os países que tiveram a integração dos negros como teve Portugal? Os países que os ajudaram na guerra, não admitiam, nas relações deles, não havia negros, não havia indivíduos de cor, era só Ingleses, só Suecos, só não sei quê! [...] Portanto, grandes defeitos que os portugueses têm, não houve portugueses racistas, não há? Tudo bem! Não houve portugueses que escravizaram os negros, que trataram mal?... Disso não tenho a mínima dúvida! Eu conheci alguns. Mmm... Mas não há ninguém que conviva com qualquer raça como o português! (Professor de Educação Física)

Na actualidade, nem sempre os discursos oficiais em Portugal fazem tão explicitamente a apologia do *lusotropicalismo*, invocando antes a vocação para o universalismo, que tem como pressuposto a vocação para a convivialidade derivada desse contacto colonial, obscurecendo a sua dimensão eurocêntrica. Por outro lado, esse contacto colonial passado é visto não só como prevenindo o racismo, mas também como sensibilizando para a discriminação racial e étnica, ou seja, como favorecendo o anti-racismo (ver CARDOSO, 1998). Vários professores entrevistados haviam nascido e passado a sua juventude em Angola e Moçambique, em contexto colonial, considerando-se particularmente sensíveis à questão do racismo pela sua experiência de convivialidade com o "outro" negro:

> Eu particularmente sou muito sensível também a esta questão porque eu vim de Angola, portanto, eu tenho uma relação afectiva muito grande também com... Pronto, sempre tive colegas negros e sempre me dei muito bem com eles e, quer dizer, não quer dizer que as pessoas que... Se fosse uma outra pessoa que não... Mas, quer dizer, eu particularmente é uma questão que me preocupa muito. Portanto, estou atenta. (Directora da escola pública)

O que estes professores geralmente não reconheciam era a situação de dominação (ocidental e branca) em que cresceram. No meu entender, era precisamente o facto de estes professores se sentirem habituados a conviver com outros grupos (racializados) que os levava a minimizar questões ligadas à discriminação racial e étnica. Ou seja, o que defendo aqui é que a adopção da tese lusotropicalista e das suas variantes actuais parece favorecer o racismo através do seu silenciamento. Discordo assim de Machado (2001), citando Peter Fry relativamente ao caso do mito da democracia racial brasileira, que argumenta que estes mitos têm um potencial anti-racista. Este aspecto, a articulação entre mitos de tolerância racial e anti-racismo, deveria ser explorado mais sistematicamente através de investigação de natureza comparativa e alicerçada no conhecimento histórico.

Estudar o racismo no quotidiano escolar

Apesar da proeminência destes discursos na sociedade portuguesa, vários estudos realizados sugerem que os portugueses revelam atitudes explicitamente preconceituosas em relação aos negros (VALA; BRITO; LOPES, 1999). O Inquérito Social Europeu de 2002 sugere que a maior parte da população (cerca de 70%) pensa que a imigração contribui para aumentar a criminalidade e a insegurança (VALA, 2003) e os media continuam a representar as populações racializadas e etnicizadas como "problemáticas" e como estando associadas a comportamentos marginais e criminosos (CUNHA et al, 2004; SOS RACISMO, 2005). Estes dados são já ilustrativos da contradição entre o mito da tolerância e a realidade vivida do racismo. Porém, estes estudos tendem a incidir sobre preconceitos e representações, e não sobre as suas consequências, ou seja, as práticas quotidianas que evidenciam como essa representações são geradoras de desigualdades raciais e étnicas. Assim sendo, cria-se a ilusão da presença e persistência de um racismo subtil e difuso que é visto como inconsequente ou inevitável. Pelo contrário, quando se privilegiam as perspectivas daqueles que sofrem o racismo, este surge como uma experiência quotidiana que influencia a percepção de si e dos outros, e, significativamente as oportunidades de sucesso.

É esta vertente que tem dirigido o meu interesse de investigação: estudar o racismo quotidiano, tal como se manifesta em práticas "sistemáticas, recorrentes e familiares" (ESSED, 1991, p. 3), para compreender de que forma a diferença é geradora de desigualdade. Estudar o racismo nas suas manifestações quotidianas permite-nos aferir a persistência de formas de racismo bem explícitas na sociedade portuguesa, ao contrário de que é sugerido por autores que advogam que estas estão em declínio (VALA; BRITO; LOPES, 1999). Por outro lado, analisar o racismo no quotidiano ajuda-nos a questionar visões politicamente confortáveis segundo as quais o racismo está *contido* na periferia ou nas margens das relações sociais (GILROY, 1992). A marginalidade do racismo refere-se aqui não só à raridade da sua manifestação, mas também a posição periférica na sociedade dos sujeitos que o exercem. Esta abordagem que vê o racismo como excepcional favorece o estudo de formas de racismo como sendo praticado por grupos bem definidos, geralmente os *skinheads*, jovens de sexo masculino, da classe operária e que se sentem eles mesmos marginalizados (*idem*). Pretende mais identificar e explicar o racista do que o racismo. A minha intenção é a de compreender como se expressa o racismo através das rotinas que não questionamos. Não quero com isto dizer que o racismo é o aspecto mais importante das relações sociais, ou das experiências escolares das crianças negras portuguesas e africanas. Porém, afecta de forma inegável o modo como vivem a escola. E é analisando o seu quotidiano que nos apercebemos das suas consequências. No meu estudo, foram identificadas formas veladas de racismo que se manifestam na visão dos alunos africanos como sendo portadores de deficits culturais e linguísticos. Porém, gostaria de me concentrar aqui sobre formas mais explícitas de expressão do racismo, exactamente para mostrar como mesmo essas formas mais visíveis não são assumidas como problemáticas pela escola.

O caso do abuso verbal racista entre alunos

O abuso verbal racista é considerado uma manifestação explícita de racismo, exactamente por haver uma verbalização do preconceito ou estereotipização racista. De acordo com Delgado e Stefancic (2004), dois importantes autores na área da Teoria Critica de Raça, as piadas e os epítetos racistas alimentam a importância de características fenotípicas como a cor da pele, perpetuando a associação de grupos racializados a características negativas.

Em Portugal, e no melhor do meu conhecimento, não há estudos especificamente sobre o "chamar nomes" ou as piadas racistas na escola, apesar de alguns estudos fazerem referência a formas de abuso verbal entre adultos (MACHADO, 2000). O meu próprio estudo não incidiu especificamente sobre esse aspecto. Este facto tem consequências importantes: por exemplo, não explorei em detalhe a função do abuso verbal na construção e negociação das relações sociais na escola. Porém, como estudo exploratório, identificou-o como um dos aspectos que mais marca o quotidiano escolar das crianças negras. Por outro lado, penso que é muito ilustrativo da forma como na sociedade portuguesa se tendem a despolitizar, desracializando[8], as relações sociais, ajudando a manter o mito de que os portugueses não são racistas.

Na escola, o abuso verbal faz parte do quotidiano de muitas crianças e jovens. Sofrer de obesidade, usar óculos para ler, ou simplesmente vestir a marca "errada" são muitas vezes motivos para se ser insultado. Porém, o abuso verbal racista reveste-se de grande intensidade sendo a forma mais frequente de racismo entre crianças (GILLBORN, 1990; KELLY, 1990; CONNOLLY; KEENAN, 2002; TROYNA; HATCHER, 1992). A importância do abuso verbal racista advém do facto de ofender não só um indivíduo, como também a sua família e comunidade (Swann Report, 1985), invocando toda uma história de discriminação racial (DELGADO; STEFANCIC, 2004). De facto, no meu estudo nenhum dos outros entrevistados revelou espontaneamente[9] ser vítima de abuso verbal por esses motivos. Não quero com isto dizer que não haja (ou que

---
STEFANCIC, 2004.

[11] O termo "chinoca", para se referir a chineses ou qualquer outra população de "aparência asiática" é geralmente visto como depreciativo, apesar de amplamente usado em Portugal.

haja menos) abuso verbal de outra natureza. Porém, penso que os dados recolhidos sugerem que ser ofendido com epítetos racistas é vivido com particular intensidade, explicando assim os participantes guardarem essa memória. O chamar nomes racistas apareceu como uma experiência comum entre os alunos do 6º ano (com cerca de 11 anos de idade), apesar de nenhum dos rapazes nesse ano ter feito referência à ocorrência de abuso verbal. Porém, estas diferenças devem ser lidas com cuidado: o facto de eu ser mulher e branca pode ter influenciado as respostas dos alunos; este tipo de repertórios poderá ser menos comum entre rapazes; ou os rapazes podem ser mais relutantes em relatar este tipo de casos.

A antecipação de se ser ridicularizado por pertencer a um grupo visto como racialmente diferente pode levar com que se tentem encontrar estratégias para minorar essa situação, nomeadamente escolhendo uma escola com uma população o mais diversa possível. Por exemplo, a Estela (portuguesa negra), escolheu a escola particular porque "cá há mais pessoas da minha raça e assim não gozam tanto". No entanto, reconheceu que mesmo aí era abusada verbalmente na escola que escolheu por causa da sua cor de pele:

> Marta: E cá nesta escola sentes que esse problema não existe?
>
> Estela: Só... às vezes, os da primária começam-se a meter...
>
> Marta: Os da primária dizem alguma coisa?
>
> Estela: Oh! Dizem às vezes mas é poucas vezes p'ra aí.
>
> Marta: Mas que tipo de coisas é que eles te dizem?
>
> Estela: Hum...Chamam-me preta e mais nada.
>
> (Estela, portuguesa negra, 6º ano)

É de notar que em Portugal, os termos "preto" e "negro" não são sempre sinónimos. A distinção entre "preto" e "negro" já era feita no fim do século XV, sendo que a palavra "preto" era reservada para os escravos com pele "cor de ébano" (Tinhorão, 1988). Na actualidade, o termo 'preto' é muitas vezes usado de forma pejorativa, tendo sido usado no período colonial com uma conotação depreciativa ou pelo menos paternalista. A sua carga negativa persiste, apesar de processos de ressignificação contemporâneos[10] (reivindicados sobretudo por *rappers*, desde o General D em meados dos anos 90 até hoje). Actualmente, o termo "negro" é considerado em Portugal como sendo meramente descritivo, enquanto que o sentido de "preto" varia consoante o contexto e a intenção do interlocutor. Um estudo de referência realizado nesta matéria no Reino Unido por Elinor Kelly (1991) veio mostrar que crianças de 11 anos (idade mínima dos alunos que entrevistei) sabem a diferenças entre nomes

---
[12] É interessante notar aqui como "loura" surge como sinónimo de "branca".

descritivos e ofensivos (por exemplo, *Black* e *nigger*, *Pakistani* e *paki*, respectivamente). Isto indica claramente que as crianças são competentes actores sociais quando manejam categorias raciais (ver HATCHER; TROYNA, 1993), e que o recurso a repertórios de abuso verbal não é ingénuo, tendo geralmente a intenção de ofender.

Num outro exemplo, uma aluna notou como o abuso verbal racista era usado para a segregar:

> Augusta: Ainda hoje, lá em baixo (no 1º Ciclo), eu estava com uma colega minha, mas só que ela era branca e estávamos a brincar e chamou uma menina... Estávamos a brincar lá em baixo nos baloiços, chega uma menina e me empurra, diz-me para sair daquele lugar e me perguntou porque é que sou assim tão diferente, que as pessoas diferentes não devem estar com as pessoas que não são iguais a elas e me começou a chamar nomes. Que era preta...
>
> Marta (ao mesmo tempo): Que nomes é que ela te chamou?
>
> Augusta: Tens os dentes muito amarelos, o nariz muito grande, diz que os negros têm um sorriso de macacos, mas pronto...
>
> (Augusta, guineense negra, 6º ano 6)

De facto, o abuso verbal não aparece sempre como um acto isolado. As palavras podem ser usadas exclusivamente para ofender, ou estar enquadradas num repertório de comportamentos que serve para segregar o outro, ilustrado neste último extracto. Investigação noutros países aponta ainda para a possibilidade de estar associado a violência física, ainda que muito menos frequentemente (GILLBORN, 1990; KELLY, 1990; CONNOLLY; KEENAN, 2002; TROYNA; HATCHER, 1992). Não obstante, é de notar que a questão da violência é particularmente importante na escola, porque quando o aluno visado pelo abuso reage fisicamente ele próprio acaba muitas vezes por ser disciplinado e punido (DELGADO; STEFANCIC, 2004).

Para alem da ofensa e da exclusão, o recurso ao abuso verbal racista entre crianças servia sobretudo para definir categorias raciais e vigiar as suas fronteiras. Uma das alunas a que me referi (que não foi assinalada como sendo de "minorias étnicas", muito possivelmente por ser muito clara de pele) referiu que o pior comportamento dos colegas era quando lhe chamavam "preta", exactamente por ela não se considerar negra. Aliás, uma professora comentou que era precisamente ela quem mais reagia a esse tipo de epítetos. Nestes exemplos podemos pressentir como é menor o valor atribuído a grupos racializados, designadamente na tentativa de jovens de pele mais clara em negociar identidades racializadas mais favorecidas.

Ainda num outro caso, os alunos usavam nomes de personagens de séries da televisão para ofender os seus colegas, o que mostra como as crianças são capazes tanto de reproduzir nomes que ouvem em casa, na TV ou com os colegas, como de *produzir* repertórios para manter o outro numa posição de subalternidade:

> Marta - Lembras-te assim de alguns exemplos de coisas (problemas disciplinares) que aconteçam muito?

Francisca - Linguagem verbal.

Marta - Chamar nomes?

Francisca - Sim. Alguns é mesmo ofender por querer... E também... Hum.. [...]

Marta - O que é que vos chamam?

Francisca - Estrombetas.

Marta - O que é que é isso?

Francisca - É assim aquelas anedotas do Fernando Rocha. É uma das personagens... Hmm... Não, o estrombeta é um do Prédio do Vasco, também não vê? [...] É de umas anedotas que tinham lá.

Marta - Sim...

Francisca - Eles estão sempre a gozar-nos por isso. [...]

Marta - E porque é que eles chamam isso a vocês?

Francisca - Sei lá.

Marta - Tem alguma coisa a ver? Como eu nunca vi, não sei.

Francisca - Só tem a ver a raça.

(Francisca, guineense negra, 6º ano)

Pelo que estas alunas me disseram, o estrombeta era um negro que era pedreiro no prédio, e que fazia o papel de "bobo".

Este último caso é particularmente interessante, na medida em que põe em evidência a necessidade de se articularem medidas de combate ao racismo. Em Portugal, recentemente têm sido tomadas algumas medidas para que os media valorizem questões ligadas à diversidade cultural do país. A criação de um programa televisivo semanal que aborda as experiências e vivências de comunidades minoritárias foi vista como um avanço nesta matéria. Porém, o referido programa ocupa um espaço marginal na programação televisiva, sendo transmitido num canal estatal de baixa audiência aos Domingos de manhã. Num outro canal de televisão muito mais popular, programas televisivos como os referidos pela Francisca são exibidos em horário nobre diariamente. Estes programas tendem a apresentar uma visão muito estereotipada do "outro" negro. Há então a necessidade de desenvolvermos mecanismos de combate ao racismo de forma concertada: a possibilidade de combater estes estereótipos é muito limitada se se permitir que eles circulem tão amplamente na nossa sociedade.

Racismo silenciado: a despolitização do abuso verbal racista

Para além dos relatos dos próprios alunos sobre alguns casos de abuso verbal racista que tinham experienciado, também observei aulas onde estereótipos raciais e étnicos eram verbalizados. As notas que apresento de seguida são ilustrativas de como os comentários sobre grupos etnicizados não eram vistos como problemáticos:

> Os alunos estão a corrigir os trabalhos de casa, que consistem em criar uma ementa saudável para um dia, a servir num restaurante a que os alunos deveriam dar um nome. Um aluno diz: "Chinocalândia"[11]. A professora não comenta o nome, limitando-se a corrigir as partes da ementa que não considera saudáveis. (Notas de uma aula de Formação Cívica, escola pública)
>
> Um aluno diz que não percebe nada, enquanto os seus colegas copiam o exercício. Outro aluno (português branco) diz (imitando o que julga ser um sotaque da Europa de Leste): "Stôra, eu já ter feito! Ucranianos ser bué rápidos!" A professora manda-o pôr-se direito na carteira. (Notas de uma aula de Português, escola pública)

Alguns deste professores eram profissionais particularmente sensíveis e empenhados em questões de diversidade cultural, tentando valorizar outras culturas e conhecimentos na sala de aula. Porém, quando se faziam comentários que de alguma forma diminuíam algum grupo minoritário, não intervinham. Relativamente aos abusos verbais racistas, mais do que não terem conhecimento da sua ocorrência, parece-me que os professores não sentiam a necessidade, ou não sabiam, contestar os comentários racistas dos alunos. Com uma abordagem do género "aqui não há problemas desses", a importância do abuso verbal racista era minimizada. Quando confrontei uma psicóloga com a segregação resultante do racismo, esta argumentou que:

> ...eu penso que a situação do racismo não é assim muito acentuada, poderá haver um caso ou outro que poderá ser tido como racismo... Porque as crianças, claro, estão em permanente confronto, não é?, no dia a dia, e por vezes elas podem sentir que isso (o insulto à Augusta no recreio) foi uma forma de racismo, mas isso poderia ter acontecido exactamente entre crianças da mesma raça [...]. Aquilo que se verifica normalmente é que os alunos de cor tentam agrupar-se. Mas não há qualquer situação de haver confusão... deles com os de... raça branca. Pelo menos, que eu me tenha apercebido, não... (Psicóloga, escola privada)

Esta citação levanta uma séria de questões. Gostaria de realçar duas delas: primeiro, a forma como o abuso verbal, incluindo o de origem racista, é visto como normal entre as crianças, e, logo, não precisa de ser confrontado. Em segundo lugar, a deslocação do problema para os alunos negros (o que geralmente se chama "culpar a vítima"). Em vez de se considerar como problemática a situação de exclusão da Augusta (em que a cor negra é usada para a excluir do espaço do recreio), o problema é visto como residindo nos próprios "alunos de cor", que "tentam agrupar-se".

Numa outra ocasião, a directora da escola pública colocou a questão do seguinte modo:

> No ano passado houve o caso de uma rapariga que veio aqui a chorar e eu resolvi a situação. Ela veio, era ela e uma loura[12]. A loura tinha-lhe batido e chamado preta, e eu disse: "Ela chamou-te preta?" "Mas eu não quero ser preta!", e chorava... [...] Esse assunto eu resolvi logo porque era só entre as duas, de vez em quando brigavam no recreio porque uma chamava preta à outra, e ela bateu-lhe porque achava que a rapariga lhe estava a chamar nomes [...] Eu desmistifiquei logo a situação e disse-lhe: "Preta? Ouve lá, tu és preta, tu és negra. Eu sou branca. Há os amarelos, etc. Qual é o problema? Já viste que..." E depois tentei: "Já viste que há pessoas que são tão bonitas e são, bem, negras? "Eu virei a questão ao contrário, falei da Naomi Campbell, depois falei-lhe do Kofi Annan, uma pessoa que fez tanto pelos países subdesenvolvidos. [...] Depois, a outra também estava lá, a loura, e eu disse-lhe: "Vá, agora vai e chama-lhe branca. Porque é assim, tu não podes interpretar chamarem-te preta como um insulto, porque a cor da tua pele é negra e tu tens de reconhecer isso com orgulho". (Directora da escola pública)

É interessante notar como a directora suprime a distinção entre o termo descritivo "negra" com o ofensivo "preta". Mas ao fazê-lo, nega assim a existência de ofensa, e, logo, de racismo. Uma outra professora revelou-me o quanto tinha fica surpresa e ofendida quando um aluno negro lhe chamou "branca". Esse incidente tornou-a consciente da sua própria cor (ver McLaren; Torres, 1999), tendo sido imediatamente classificado pela própria como um caso de racismo inverso. Porém, o abuso verbal que tinha como objecto alunos negros ou a aluna chinesa era visto como pouco importante: o poder de representar o outro não acarreta o direito do outro nos representar. Parece-me importante aqui relembrar que a relevância do abuso verbal racista vem precisamente de convocar toda uma história de discriminação racial (Delgado; Stefancic, 2004), cuja carga social e histórica o chamar "branca" não consegue reclamar. Estes relatos ajudam a ilustrar como era negada a importância do abuso racista nas experiências dos alunos negros. Isto é particularmente importante porque não os ajuda a relatar a ocorrência de incidentes racistas, ao contrário do que acontecia na situação de entrevista, com a garantia de anonimato.

No entanto, não implica isto que os alunos sofressem passivamente, nem sequer de forma semelhante, com o abuso verbal racista. Neste estudo, quando os alunos diziam que frequentemente eram vítimas de abuso verbal racista, isto era geralmente acompanhado por expressões como "eles *só* me chamam" ou "é *só* isso". Apesar de mencionarem sempre que não gostavam dos nomes que lhes chamavam, isto parece sugerir que se tinham habituado e resignado a essa situação de subalternidade. Porém, nem sempre era esse o caso. Como duas alunas mais velhas me disseram, o chamar nomes é "político". E face à despolitização desses incidentes da escola, as próprias alunas despolitizavam-nos: quando lhes perguntei como reagiam, responderam: "Dizemos que são burros. Então não sabem as cores?!" deste modo, o "preto" ofensivo voltava a ser reduzido ao 'preto' descritivo. Mas particularmente no caso de alunos mais novos, tais formas de resistência pareciam menos comuns. O seguinte exemplo sobre um rapaz negro, contado pela psicóloga da escola pública, parece apontar para isso mesmo:

> Porque ele a dada altura, quando falou dos pais, ele disse por iniciativa dele: "Ai, eu não gosto nada do meu pai". "E não gostas do teu pai porquê?", "Porque ele é preto". E eu perguntei-lhe assim: "Então e tu?", "Eu não". Quando ele era...

Este extracto ilustra de forma muito gráfica como o racismo na escola tem consequências para as percepções que os alunos têm de si e dos grupos racializados e etnicizados aos quais são associados. Mais importante, alerta-nos para a necessidade de não tratarmos casos como estes como patológicos, mas de compreendermos como a pertença a determinadas configurações etno-nacionais continua a ser determinada pela cor de pele. Ao não contestarem o uso de epítetos raciais, que reproduzem a formação social existente, as escolas estão a transmitir a ideia de que há formas de racismo que são aceitáveis. Como sugere Elinor Kelly (1991), a escola deve desempenhar um papel na desconstrução das categorias raciais e étnicas, não negando a sua existência (desracializando as relações sociais), mas ajudando os alunos a perceber como elas surgem e são usadas numa sociedade racializada.

Por outro lado, todos estes exemplos sugerem ainda a importância de definir o que se entende por incidente racista. Esta definição deve ser fundada nas experiências das pessoas que são vítimas de racismo: 'Um incidente racista é aquele que é percebido como racista pela vítima ou por outra pessoa' (MACPHERSON, 1999, Capítulo 47, para. 12, tradução minha). Isto porque apesar dos incidentes racistas serem relativamente comuns e os alunos que os sofrem terem consciência de que há uma intenção em ofender, a sua grande maioria não fez queixa da sua ocorrência. Muito possivelmente, e devido às tentativas prévias de denúncia, conheciam já o silêncio do racismo.

Conclusões

Neste texto, fiz referência à emergência e persistência de discursos *lusotropicalistas* e variantes (sobre a vocação para o universalismo dos portugueses) que circulam na nossa sociedade, e que têm ajudado a manter o mito de que não existe racismo entre nós. Através de uma forma explícita de racismo, o abuso verbal, sugeri que estes discursos são de tal modo poderosos que tornam as questões raciais invisíveis e contribuem para silenciar o racismo que existe nas nossas escolas, através da despolitização e desracialização das relações sociais. O facto de os docentes geralmente mostrarem relutância em admitir que existem problemas a este nível, assim como as escolas estudadas não terem quaisquer códigos de prática nesta matéria ou formas de recolher e lidar com as queixas, parece de facto contribuir para que os alunos silenciem os abusos racistas que surgiam. Os exemplos abordados apontam para os efeitos do racismo nas percepções dos alunos sobre quem são. Num contexto de maioria branca, onde "não há problemas", ser negro é vivido com vulnerabilidade. A abordagem frequentemente encontrada nas escolas portuguesas, de que não há problemas de racismo, faz com que se desloque meramente o problema do racismo para as suas vítimas, e a alimentar o mito do não-racismo português. Outros países, como o Brasil e a suposta "democracia racial", ou os Estados Unidos e o Reino Unido com o "colour-blindness", têm os seus próprios mitos de negação do racismo. Em Portugal, a recente ditadura de quase cinco décadas e a (relacionada) resistência da sociedade em se ver como pós-colonial criam silêncios sobre o racismo e ajudam a que se legitimem as teses que nos caracterizam como tolerantes. Este estudo aponta assim para a necessidade de programas de investigação comparativos, para compreender como se relacionam os passados coloniais com a luta anti-racista em várias sociedades. Por outro lado, aponta como necessárias medidas sistemáticas e articuladas de combate ao racismo na escola, na sala de aula e no recreio. Mas também fora dela: nos *media*, junto aos decisores políticos, na formação de professores e educadores, na sociedade em geral. Para tal, é necessária uma abordagem crítica que tenha em conta a complexidade das formas contemporâneas de racismo e a sua articulação com outras formas de discriminação.

Agradecimentos

Gostaria de agradecer a Nilma Lino Gomes, Boaventura de Sousa Santos, Paula Meneses e Teresa Cunha pela produtiva discussão que temos vindo a desenvolver em torno de muitas das ideias aqui discutidas.

Referências

ALEXANDRE, V. O império e a ideia da raça (séculos XIX e XX). In: VALA, J. (Ed.). *Novos racismos. Perspectivas comparativas.* Oeiras: Celta, 1999, p. 133-144.

ARAÚJO, M.; PEREIRA, M. A. Interculturalidade e políticas educativas em Portugal: reflexões à luz de uma versão pluralista de justiça social. *Oficina do CES*, 218, 2004. (Online: www.ces.uc.pt/publicacoes/oficina/218/218.php)

CARDOSO, C. The colonialist view of the african-origin "other" in Portuguese society and its education system. *Race, ethnicity and education*, 1, 2, 1998, p. 191-206.

CASTELO, C. *O modo português de estar no mundo: o luso-tropicalismo e a ideologia colonial portuguesa (1933-1961)*. Porto: Edições Afrontamento, 1998.

CONNOLLY, P.; KEENAN, M. Racist harassment in the white hinterlands: the experiences of minority ethnic children and parents in schools in Northern Ireland. *British Journal of Sociology of Education*, 23, 3, 2002, p. 341-356.

CORTESÃO, L.; STOER, S. A Interculturalidade e a educação escolar: dispositivos pedagógicos e a construção da ponte entre culturas. *Inovação*, 9, 1996, p. 35-51.

COSTA, J. P. O.; LACERDA, T. *A interculturalidade na expansão portuguesa (Séculos XV-*

-*XVIII)*. Lisboa: Acime, 2007.

CUNHA, I.; SANTOS, C.; SILVEIRINHA, M. J.; PEIXINHO, A. *Media, imigração e minorias étnicas*. Lisboa: ACIME, 2004.

DELGADO, R.; STAFANCIC, J. *Understanding words that wound*. Boulder: Westview Press, 2004.

ESSED, P. *Understanding everyday racism*. Newbury Park: Sage, 1991.

FREYRE, G. (1933) *Casa grande e senzala*. Lisboa: Livros do Brasil, 2003.

GILLBORN, D. *"Race", ethnicity and education*. Londres: Unwin Hyman, 1990.

GILLBORN, D. *Racism and Antiracism in Real Schools: theory, policy, practice*. Buckingham: Open University Press, 1995.

GILROY, P. The End of Anti-Racism. In: DONALD, J.; RATTANSI, A (Eds.). *"Race", culture, and difference*. Londres: Sage, 1992, p. 49-61.

GLASER, B.; STRAUSS, A. *Discovery of grounded theory*. Chicago: Aldine, 1967.

GOLD, R. L. Roles in sociological field observations. *Social Forces*, 36, 1958, p. 217-223.

GUSMÃO, N. *Os filhos de África em Portugal. Antropologia, multiculturalidade e educação*. Lisboa: Imprensa de Ciências Sociais, 2004.

HAMMERSLEY, M.; ATKINSON, P. *Ethnography: principles in practice*. Londres: Routledge, 1995, 2. ed., reimpressa em 1997.

HATCHER, R.; TROYNA, B. Racialization and children. In: C. MCCARTHY, C.; CRITCHLOW, W. (Eds.) *Race, identity and representation in education*. Londres: Routledge, 1993, p. 109-125.

KELLY, E. Use and abuse of racial language in secondary schools. In: PUMFREY, P. D.; Verma, G. K. (Eds.) *Race relations and urban education*. Londres: Falmer Press, 1990.

MAC AN GHAILL, M. *Contemporary racisms and ethnicities*. Buckingham: Open University Press, 1999.

MACHADO, F. L. Contextos e percepções de racismo no quotidiano. *Sociologia, Problemas e Práticas*, 36, 2001, p. 53-80.

MACPHERSON, W. *The Stephen Lawrence inquiry: report of an inquiry by Sir William McPherson of Cluny*. Londres: HMSO, 1999.

MCLAREN, P.; TORRES, R. Racism and multicultural education: rethinking "race" and "whiteness" in late capitalism. In: MAY, S. (Ed.) *Critical multiculturalism: rethinking multicultural and antiracist education*. Londres: Falmer Press, 1999, p. 42-76.

SANTOS, B. S. *A gramática do tempo*. Porto: Afrontamento, 2006.

SAYYID, S. Slippery People: the immigrant imaginary and the grammar of colours. In: LAW, I; PHILIPS, D.; TURNEY, L. (Eds) *Institutional racism in higher education*. Stoke on Trent: Tretham Books, 2004, p. 149-159.

SOS Racismo. *Relatório anual de imprensa do SOS RACISMO - 2004*. Lisboa: SOS Racismo,

2005.

STRAUSS, A.; CORBIN, J. *Basics of qualitative research: techniques and procedures for developing grounded theory*. Londres: Sage, 1998, 2. edition.

Swann Report. *Education for all: the report of the committee of inquiry into the education of children from ethnic minority groups*. Londres: HMSO, 1985.

TINHORÃO, J. R. *Os negros em Portugal – Uma presença silenciosa*. Lisboa: Editorial Caminho, 1988.

TROYNA, B., HATCHER, R. *Racism in children's lives: a study of mainly white primary schools*. Londres: Routledge, 1992.

TROYNA, B. *Racism and education*. Buckingham: Open University Press, 1993.

VALA, J. Processos identitários e gestão da diversidade. Actas do I Congresso *Imigração em Portugal: diversidade, cidadania, integração*, Dezembro 2003. Lisboa: ACIME.

VALA, J., RODRIGO, B.; LOPES, D. *Expressões dos racismos em Portugal*. Lisboa: Instituto de Ciências Sociais, 1999.

VALENTIM, J. P. Luso-Tropicalismo e Lusofonia: uma perspectiva psicossocial, *Via Latina*, VI, 2, 2005, p. 67-73.

Parte III

Racismo, anti-racismo e Educação:
o contexto brasileiro

Diversidade étnico-racial e Educação no contexto brasileiro:
algumas reflexões[1]

Nilma Lino Gomes

> *[...] – Não tenho nada com isso, seu Dito, mas vocês de cor são feitos de ferro. O lugar de vocês é dar duro na lavoura. Além de tudo, estudar filho é besteira. Depois eles se casam e a gente mesmo...*
> *A primeira besteira ficou sem resposta, mas a segunda mereceu uma afirmação categórica e maravilhosa, que quase me fez desfalecer de ternura e amor.*
> *– É que eu não estou estudando ela pra mim disse meu pai. É para ela mesma.*
>
> (Geni Guimarães Leite do Peito)

O Brasil é um país de grande extensão territorial, intensa diversidade regional, racial e cultural. Ele se destaca como uma das maiores sociedades multirraciais do mundo e abriga um contingente significativo de descendentes de africanos dispersos na diáspora. De acordo com o censo 2000, o país conta com um total de 170 milhões de habitantes. Destes, 91milhões de brasileiros(as) se autoclassificam como brancos (53,7%), 10 milhões como pretos (6,2%), 65 milhões como pardos (38,4%), 761mil como amarelos (0,4%), e 734 mil indígenas (0,4%).

Essa distribuição demográfica e étnico-racial é passível de diferentes interpretações econômicas, políticas e sociológicas. Uma delas é realizada pelo Movimento Negro e por um grupo de intelectuais que se dedica ao estudo das relações raciais no país. Estes, ao analisarem a situação do negro brasileiro, agregam as categorias

---

[1] Algumas reflexões desse texto fazem parte dos estudos do pós-doutorado da autora realizado em 2006, no Centro de Estudos Sociais (CES) da Universidade de Coimbra, sob a supervisão do prof. Dr. Boaventura de Sousa Santos e com apoio do CNPQ. Agradeço ao professor Boaventura e as pesquisadoras Marta Araújo, Paula Meneses e Teresa Cunha pela oportunidade de trocar experiências e reflexões sobre o tema desse artigo.

[2] De acordo com a interpretação do Movimento Negro e de vários estudiosos do campo das relações raciais

raciais "preto e pardo" entendendo-as como expressão do conjunto da população negra no Brasil. Isso quer dizer que, do ponto de vista étnico-racial, 44,6% da população brasileira apresenta uma ascendência negra e africana, que se expressa na cultura, na corporeidade e/ou na construção das suas identidades.

A possibilidade de agregar essas duas categorias não se trata de uma escolha política. Existem dados concretos da realidade brasileira, para além das dimensões subjetivas e identitárias, que permitem esse tipo de interpretação. A análise da relação entre nível de escolaridade e raça[2] é aquela que mais nos ajuda a refletir sobre essa situação. Segundo Ricardo Henriques (2002):

> A distribuição dos níveis de escolaridade, de acordo com a cor dos brasileiros, demonstra, inicialmente, que, no campo da educação não existem diferenças significativas entre "pardos"e "pretos"que justifiquem o tratamento analítico desagregado nessas duas classificações. [...] o universo do conjunto total da população negra representa, na dimensão educacional, de forma adequada, os respectivos universos particulares das populações parda e preta. (p. 35)

É nesse contexto histórico, político, social e cultural que os negros e as negras brasileiros constroem suas identidades e, dentre elas, a identidade negra. Como toda identidade, a identidade negra é uma construção pessoal e social e é elaborada individual e socialmente de forma diversa. No caso brasileiro, essa tarefa torna-se ainda mais complexa, pois se realiza na articulação entre classe, gênero e raça no contexto da ambigüidade do racismo brasileiro e da crescente desigualdade social.

É importante lembrar que a identidade construída pelos negros brasileiros (pretos e pardos) se dá não apenas por oposição ao branco, mas, também, pela negociação, pelo conflito e pelo diálogo com este e outros grupos étnico-raciais. As identidades e as diferenças implicam processos de aproximação e distanciamento. Nesse jogo complexo, vamos aprendendo, aos poucos, que os contornos da nossa identidade são estabelecidos pelas diferenças e pelo trato social, cultural, histórico e político que estas recebem durante seu percurso na sociedade.

Características do racismo brasileiro

Mas em que contexto histórico, social, cultural e político as identidades negras se constroem no Brasil? Trata-se de um contexto peculiar marcado por séculos de escravidão, pela colonização e dominação político-cultural de grupos sociais e

---

no Brasil, raça é entendida, aqui, como uma construção social e histórica. Ela é compreendida também no seu sentido político como uma re-significação do termo construída na luta política pela superação do racismo na sociedade brasileira. Nesse sentido, refere-se ao reconhecimento de uma diferença que nos remete a uma ancestralidade negra e africana. Trata-se, portanto, de uma forma de classificação social construída nas relações sociais, culturais e políticas brasileiras.

[3] IIIa Conferência Internacional contra o Racismo, a Discriminação Racial, a Xenofobia e Formas Correlatas de Intolerância, promovida pela Organização das Nações Unidas (ONU), em Durban, África do Sul, de 31de agosto a 07 de setembro de 2001.

étnico-raciais específicos, pela resistência negra à escravidão, por um processo de abolição tenso e negociado de várias maneiras, pela instauração de uma república que não considerou de maneira adequada a necessidade de integração da população negra e liberta, pelos processos autoritários e golpes que marcaram a vida republicana, pela luta dos movimentos sociais, pela retomada da democracia nos anos 80 e pela luta em prol da democratização do Estado e da sociedade atual, ambos marcados pelo neoliberalismo e pela globalização capitalista.

Nesse processo, os negros e as negras atuaram e atuam das mais diversas maneiras na busca de uma digna inserção na sociedade brasileira. Dentre estas destacam-se: as múltiplas formas de resistência durante o regime escravista, as organizações negras antes, durante e após a abolição, a busca por um lugar social e político do povo negro após a proclamação da república e nos períodos do Estado autoritário e a luta pelo direito à cidadania para a populaçao negra no processo de democratização do país, a partir dos anos 80.

É na década de 80, no processo de abertura política e redemocratização da sociedade que assistimos uma nova forma de atuação política dos negros e negras brasileiros. Esses passaram a atuar ativamente por meio dos novos movimentos sociais, sobretudo os de caráter identitário trazendo um outro conjunto de problematização e novas formas de atuação e reivindicação política. O Movimento Negro indaga a exclusividade do enfoque sobre a classe social presente nas reivindicações e denúncias da luta dos movimentos sociais da época. As suas reivindicações assumem um caráter muito mais profundo: indagam o Estado, a esquerda brasileira e os movimentos sociais sobre o seu posicionamento neutro e omisso diante da centralidade da raça na formação do país. O Movimento Negro reivindica que a questão racial deveria ser compreendida como uma forma de opressão e exploração estruturante das relações sociais e econômicas brasileiras, acirrada pelo capitalismo e pela desigualdade social. Essa postura traz tensões no interior dos grupos reivindicativos dos anos 80 e 90. A esquerda brasileira é cobrada a se posicionar contra a exploração capitalista e também contra o racismo. Tal cobrança acabou por desvelar forma insidiosa de o racismo se propagar, inclusive, dentro dos setores considerados progressistas. Ao depositar todas as forças de superação do capitalismo via o rompimento da estrutura de classes e instauração do socialismo, a esquerda brasileira com seus discursos e práticas políticas acabava por alimentar a idéia de que a questão racial estava subsumida na classe e desprezava a luta do Movimento Negro. Esse processo trouxe, no final dos anos 80 e início dos anos 90, tensões, críticas e rupturas entre integrantes do Movimento Negro, os partidos de esquerda e as entidades dos ditos novos movimentos sociais.

Todo esse processo leva a um amadurecimento e mudança de rumo do Movimento Negro no terceiro milênio. A partir desse momento, a luta passa a focalizar uma intervenção política que caminha em duas direções: a denúncia da postura de neutralidade do Estado frente a desigualdade racial reivindicando-lhe a adoção de políticas de ação afirmativa e a intervenção no interior do próprio Estado mediante a inserção de quadros políticos e intelectuais nas administrações municipais e estaduais de caráter progressista e no próprio governo federal. No entanto, mesmo quando essa inserção acontece, ao ser comparada com o segmento branco da população, acaba por revelar a continuidade da desigualdade. Os negros ainda encontram-se, na sua maioria, representados de forma precária e, por vezes, subalterna, nos escalões do poder.

Essa trajetória histórica e política do Movimento Negro se desenvolve imersa nas várias mudanças vividas pela sociedade brasileira ao longo dos últimos anos e se dá de forma articulada com as transformações na ordem internacional, o acirramento da globalização capitalista e a construção das lutas contra-hegemónicas.

Tudo isso acontece em meio a uma profunda dinâmica cultural e, portanto, interfere na construção das identidades, forma sujeitos e redimensiona valores, lógicas e práticas. Para Marshall Sahlins (1997, p. 7), a história é ordenada culturalmente de diferentes modos nas diversas sociedades, de acordo com os esquemas de significação das coisas. O contrário também é verdadeiro: os esquemas culturais são ordenados historicamente porque, em maior ou menor grau, os significados passam por uma reavaliação quando colocados em prática. A síntese desses contrários desdobra-se nas ações criativas dos sujeitos históricos envolvidos.

Uma dessas ações criativas pode ser vista na construção dos processos de luta contra-hegemônica apontados por Boaventura de Sousa Santos e as possíveis articulações entre movimentos sociais, ONGs e grupos que lutam pela construção de um outro tipo de mundo, de democracia e de solidariedade entre os povos. Um movimento que questiona o apogeu econômico, político, cultural e científico do "Norte" e valoriza, divulga e expressa os saberes, as práticas e as alternativas produzidas pelo "Sul".

Nesse contexto de tanta efervescência e de avanços para os setores que acreditam que *um outro mundo é possível* o racismo, no Brasil, contra-ataca. Apesar de reconhecer que existe, hoje, maior sensibilidade de alguns setores considerados progressistas em relação a existência do racismo e da desigualdade racial brasileira, o viés classista ainda se mantém. Dessa forma, as dimensões de raça, gênero e cultura ainda encontram-se lutando mesmo dentro *da possibilidade de construção de um outro mundo* por um lugar de reconhecimento no contexto das lutas contra-hegemônicas.

No caso específico da questão racial, a ambigüidade continua sendo uma das formas ardilosas do racismo brasileiro se manter e se expressar. Segundo João Batista Borges Pereira (1996):

> Dentre tantas outras características que definem o modelo racial brasileiro características que o definem e não permitem que seja comparado com outros que o mundo conhece a ambiguidade é uma delas. Combatê-la, sim. Estigmatizá-la, não conduz a lugar algum. Ignorá-la também não. A ambigüidade é o dado de uma realidade desafiadora e movediça, plena de meios-tons, e como dado deve ser tratada. (p.75)

Esse racismo ambíguo tem possibilitado formulações discursivas e ideológicas muito peculiares sobre a realidade racial brasileira. A principal delas é o mito da democracia racial narrativa e ideologia forjada no contexto dos anos 30 do século XX e reeditada ao longo dos anos que parte da formulação apriorística da existência de relações harmoniosas entre os diferentes grupos étnico-raciais omitindo e desviando o foco da profunda desigualdade racial existente em nosso país e dos impactos do racismo na vida dos negros e negras brasileiros. Ao produzir uma elegia da intensa miscigenação racial e cultural brasileira o mito desvia o nosso foco das situações cotidianas de humilhação e racismo vivida pela parcela da população "preta"e "parda" e da situação de desigualdade por ela vivida na educação básica, saúde, acesso à terra, mercado de trabalho e inserção universitária.

As pesquisas comprovam que a intensa miscigenação racial e cultural brasileira, uma das características da nossa diversidade cultural, não está devidamente representada nos diversos setores da sociedade, sobretudo, nos postos de comando, nos meios acadêmicos, nos primeiros escalões da política e nem na composição das camadas médias. No caso dos negros, mesmo quando estes conseguem algum tipo de ascensão social, não deixam de viver situações de racismo e de serem tratados com desconfiança, como um incômodo. É o que nos diz Maria Aparecida Bento (2002):

> O estudo de Bento (1992) vem confirmar outros estudos anteriores que evidenciam que, quanto mais ascende, mais o negro incomoda. Considerando os diferentes momentos de trajetória profissional do negro estudados por Bento, aqueles em que as práticas discriminatórias ocorreram com mais intensidade e mais frequência foram ligados à promoção profissional e à ocupação de cargos de comando. (p. 53-54)

Mesmo que, aos poucos, uma geração de negros e negras brasileiros participe de um movimento de inserção profissional, intelectual e política em setores historicamente negados a esse grupo étnico-racial e vivam um processo de ascensão social, o racismo e a discriminação racial continuam sendo o alicerce da estrutura social do país notadamente desigual. Segundo Marcelo Paixão (2006):

> São os negros (pretos e pardos) os que formam a maioria daquela população hoje privada do acesso aos serviços públicos e aos empregos de melhor qualidade, os que sofrem com mais intensidade o drama da pobreza e da indigência, e a violência urbana, doméstica e policial. O racismo, tal como praticado no Brasil, tende a considerar tais aspectos de realidade normais, desde que envolvam primordialmente a população afro-descendente. O modelo brasileiro de relações raciais consagra e eterniza as disparidades entre brancos, negros e indígenas em nosso país. (p. 21-22)

Sendo assim, o racismo ambíguo brasileiro sempre foi um campo fértil para a construção de ideologias e pseudo-teorias raciais no passado e para a perpetuação da desigualdade entre negros e brancos que se mantém no presente.

Os negros e as negras brasileiros, no decorrer do processo histórico, lutam contra esses processos ideológicos, políticos, culturais e sociais de cunho racista que impregnam o imaginário e as práticas sociais. Nesse aspecto, é sempre importante reafirmar que a luta dos negros em movimento e do Movimento Negro no Brasil aponta para uma mudança mais ampla que não se restringe ao segmento negro da população, mas engloba toda a sociedade brasileira. Acredita-se que a superação do racismo e da desigualdade racial possibilitará transformações éticas e solidárias para toda a sociedade e permitirá o efetivo exercício da justiça social e da cidadania que respeite e garanta o direito à diversidade. Acredita-se, também, que esse processo poderá proporcionar uma reeducação social e cultural dos brasileiros no trato com a diversidade, questionando e problematizando o mito da democracia racial. Mas para que tal aconteça faz-se necessária a construção, na prática, de oportunidades iguais para negros e brancos que possibilitem o contato real, igualitário e cidadão com a diferença que extrapole o plano do discurso "politicamente correto".

Nesse contexto, as instituições sociais responsáveis mais diretamente pelos processos de formação humana, na sociedade brasileira, são chamadas a se posicionar. O Movimento Negro tem insistentemente cobrado um posicionamento ético e responsável dessas instituições. A escola é uma delas. Entendida como direito social e como uma das instituições responsáveis pelos processos de formação humana o Movimento Negro cobra da escola que ela se efetive como espaço do direito à diversidade e à diferença.

Diante do contexto das relações raciais no Brasil anteriormente citado, não basta à escola brasileira somente se mostrar sensível à diversidade de maneira geral e à questão racial, em específico. A fim de realmente se configurar como uma instituição democrática e que incorpore um projeto educativo emancipatório, nos dizeres de Boaventura de Sousa Santos (1996), a escola sobretudo a pública deverá inserir a questão racial no seu projeto político-pedagógico, tomá-la como eixo das práticas pedagógicas e articulá-la nas discussões que permeiam o currículo escolar.

Educação e estratégias de superação do racismo negros em movimento

A escola brasileira ao ser indagada pelo Movimento Negro pela implementação de uma educação anti-racista vive uma situação de tensão entre configurar-se, de fato, como um direito social para todos e, ao mesmo tempo, respeitar e reconhecer as diferenças. Ao assumir essa dupla função a escola brasileira, desde a educação básica até o ensino superior é responsável por construir práticas, projetos e iniciativas eficazes de combate ao racismo e de superação das desigualdades raciais.

Durante um tempo, o Movimento Negro acreditou que a denúncia, as pesquisas sobre os fatores intra-escolares que contribuíam para a persistência da discriminação racial na sala de aula, o debate sobre a necessidade de formação de professores para a diversidade, entre outros, poderiam ser suficientes para a promoção de uma mobilização das escolas, dos docentes e dos formuladores de políticas educacionais em prol de uma educação anti-racista e que respeite a diversidade.

No entanto, o quadro alarmante das desigualdades raciais atestado pelas pesquisas oficiais, principalmente a investigação realizada em 1999 pelo Instituto de Pesquisa Econômica Aplicada (IPEA) revelaram que algo mais incisivo precisava ser feito. Dentre outras coisas, a pesquisa revela a persistência da desigualdade racial na escolarização dos negros brasileiros.

É a partir da constatação oficial que veio comprovar as suas históricas denúncias que o Movimento Negro passa a intensificar a sua luta demandando mudanças concretas no campo dos direitos. A luta pela inserção do direito da população negra à educação, após a Conferência de Durban, na África do Sul, no ano de 2001[3], ganha espaço na esfera jurídica e passa a explorar a sua capacidade de induzir iniciativas concretas na política educacional e nas práticas escolares. Um dos resultados dessa nova postura política é a aprovação da lei 10.639, sancionada pelo presidente da República, Luiz Inácio Lula da Silva em 09 de janeiro de 2003, que torna obrigatório o ensino sobre História e Cultura Afro-brasileira nos estabelecimentos de ensino fundamental e médio das escolas públicas e privadas da Educação Básica. A partir dessa lei, o Conselho Nacional de Educação (CNE) estabeleceu as Diretrizes Curriculares Nacionais para a Educação das Relações Étnico-Raciais e para o Ensino de História e Cultura Afro-Brasileira e Africana, dispostas no Parecer do Conselho, CNE/CP 003/2004 e CNE/CP Resolução 1/2004. Essa lei traz também mais uma característica peculiar: ela redefine a Lei de Diretrizes e Bases da Educação Nacional, lei 9394/96, tornando-a a primeira LDBEN brasileira a incorporar efetivamente a temática racial no seu texto.

A partir de então várias iniciativas de formação de professores para a diversidade étnico-racial vêm sendo realizadas no Brasil, editais do Ministério da Educação têm sido construídos e recursos públicos não muitos têm sido destinados para o trabalho educacional voltado para a questão racial no país.

Entretanto, essa nova situação encontra as escolas, os educadores e as educadoras no Brasil em uma situação de insegurança e desconhecimento diante do trato pedagógico da diversidade étnico-racial. Há, na educação escolar, um imaginário pedagógico que tende a considerar que a questão racial é uma tarefa restrita aos professores e professoras que assumem publicamente uma postura política diante da mesma ou um assunto de interesse somente dos professores(as) negros(as). A implementação da lei 10.639/03 também encontra os cursos de formação de professores em nível superior com pouco ou nenhum acúmulo sobre a temática racial e, muitas vezes, é permeada pela resistência a sua própria inserção nos currículos dos cursos de Pedagogia e de Licenciatura.

Essa situação revela uma contradição. Se o Brasil acredita ser uma democracia racial e propala a existência da harmonia racial, por que a discussão sobre a questão

---

[4] Para conhecer essa coleção acesse o site www.dominiopublico.gov.br e pesquise "Coleção Educação Para Todos".

racial e a diversidade não se constitui em um dos eixos da reflexão educacional e dos currículos escolares brasileiros? Como pode o Brasil ser uma sociedade que lida tão bem com a ancestralidade africana e com a presença negra na sua conformação histórica e cultural se há um desconhecimento quase generalizado sobre a história, a cultura, as relações políticas, as formas de luta e resistência e os problemas que afligem a África, a diáspora africana e a realidade da população negra brasileira? Essas são indagações desencadeadas pela atual luta do Movimento Negro em prol de uma educação anti-racista que tem na lei 10.639/03 a sua maior expressão.

A escola brasileira, pública e particular, está desafiada a realizar uma revisão de posturas, valores, conhecimentos, currículos na perspectiva da diversidade étnico-racial. Nos dias atuais, a superação da situação de subalternização dos saberes produzidos pela comunidade negra, a presença dos estereótipos raciais nos manuais didáticos, a estigmatização do negro, os apelidos pejorativos e a versão pedagógica do mito da democracia racial (igualdade que apaga as diferenças) precisam e devem ser superados no ambiente escolar não somente devido ao fato de serem parte do compromisso social e pedagógico da escola no combate ao racismo e à discriminação racial, mas, também, por força da lei. Essa situação revela mais um aspecto da ambigüidade do racismo brasileiro e sua expressão na educação: é somente por força da lei 10.639/03 que a questão racial começa a ser pedagógica e politicamente assumida pelo Estado, pelas escolas, pelos currículos e pelos processos de formação docente no Brasil. E, mesmo assim, com inúmeras resistências.

O Movimento Negro, a luta por uma educação anti-racista e as mudanças no contexto brasileiro

Embora reconheçamos a ação e a cumplicidade de vários aliados políticos e intelectuais não-negros na luta anti-racista do Brasil não há como negar o protagonismo do Movimento Negro brasileiro nesse processo.

O Movimento Negro, enquanto movimento social, pode ser compreendido como um novo sujeito coletivo e político que, juntamente com os outros movimentos sociais, emergiu na década de 70 no cenário brasileiro. Enquanto sujeito coletivo, esse movimento é visto na mesma perspectiva de Sader (1988), ou seja, como uma coletividade onde se elaboram identidades e se organizam práticas através das quais defendem-se interesses, expressam-se vontades e constituem-se identidades, marcados por interações, processos de reconhecimento recíprocos, com uma composição mutável e intercambiável. Enquanto sujeito político, esse movimento produz discursos, re-ordena enunciados, nomeia aspirações difusas ou as articula, possibilitando aos indivíduos que dele fazem parte reconhecerem-se nesses novos significados. Abre-se espaço para interpretações antagônicas, nomeação de conflitos, mudança no sentido das palavras e das práticas, instaurando novos significados e novas ações.

Mas há especificidades no terreno comum dos novos movimentos sociais que entram em cena no Brasil na década de 70. Segundo Marcos Cardoso (2002), no caso do Movimento Negro, o que marca uma profunda diferença entre este e o conjunto dos demais movimentos sociais e populares nessa época é a *história*.

Segundo esse autor, para o Movimento Negro, o cotidiano da população negra é determinado pela estrutura do racismo na sociedade brasileira. Ao emergir no cenário nacional e político destacando a especificidade da luta política contra o racismo, o Movimento Negro buscou na história a chave para compreender a realidade do povo negro brasileiro. Assim, a necessidade de negar a história oficial e de contribuir para a construção de uma nova interpretação da trajetória dos negros no Brasil são aspectos que distinguem o Movimento Negro dos demais movimentos sociais e populares da década de 70. O Movimento Negro é, portanto, fruto de uma "negatividade histórica", nos dizeres de Wilson do Nascimento Barbosa e Joel Rufino dos Santos (1994):

> O Movimento Negro se radica na tradição comum, ele busca da tradição os elementos que permitam perceber-se a si próprio. Simultaneamente, ele é a afirmação de uma negatividade histórica, de um papel desempenhado na História. Ele é a busca de um outro si mesmo, para além da alteridade desse outro presente, que não é de si. (p. 46)

Segundo Cardoso (2002) a emergência do Movimento Negro como um novo personagem na cena brasileira significa um contraponto à realidade racial do nosso país, constituindo-se uma outra possibilidade de entendimento do real. No entanto, nem sempre esse outro "ponto de vista" tem sido devidamente considerado pela reflexão crítica, histórica e social da realidade brasileira.

Essa lacuna na interpretação crítica da realidade racial brasileira, assim como das lutas empreendidas pela população negra em prol da superação do racismo tem impelido o Movimento Negro a exigir do Estado e da escola políticas e práticas educacionais que visem o reconhecimento da diversidade étnico-racial, como é o caso da lei 10.639/03, anteriormente citada. Por outro lado, os avanços trazidos por essa lei ainda são lentos e têm dificuldade de responder adequadamente às necessidades das escolas e dos educadores(as). Mas, os problemas de implementação e de alcance dessa lei não inibem a ação do Movimento Negro na construção de propostas e projetos pedagógicos que contemplem a questão racial. Esse Movimento tem construído, historicamente, com os seus próprios recursos e articulações, projetos educativos de valorização da cultura, da história e dos saberes construídos pela comunidade negra, que caminham – às vezes articulados e outras não – com as escolas e o poder público.

Tendo como referência a discussão epistemológica e política realizada pelo sociólogo Boaventura de Sousa Santos (1996), é possível considerar os projetos educativos construídos pelo Movimento Negro no Brasil e também na América Latina como emancipatórios. A emancipação entendida como transformação social e cultural, como libertação do ser humano, esteve presente nas ações da comunidade negra organizada, com todas as tensões e contradições próprias desse processo, tanto no período da escravidão quanto no pós-abolição e a partir do advento da República.

O fato de essas ações serem projetos e propostas construídos por um povo que tem o seu passado, a sua história e a sua cultura desenvolvidos nos contextos de opressão e dominação tais como: a colonização, a escravidão, o racismo e a desigualdade social e racial e que, mesmo assim, segue persistindo e colocando questões para a sociedade, para a educação e para o Estado brasileiro pode ser visto como o potencial emancipatório das lutas e da organização política dos negros no Brasil e na diáspora. Esse potencial também é visto na capacidade de mudança social, educacional, cultural e política que a comunidade negra "em movimento", com suas contradições, tensões e lutas, consegue imprimir nos vários países da diáspora africana.

A lei 10.639/03 e suas respectivas diretrizes curriculares nacionais podem ser consideradas como parte do projeto educativo emancipatório do Movimento Negro em prol de uma educação anti-racista e que reconheça e respeite a diversidade. Por isso, essa legislação deve ser entendida como uma medida de ação afirmativa, pois introduz em uma política de caráter universal, a LDBEN 9394/96, uma ação específica voltada para um segmento da população brasileira com um comprovado histórico de exclusão, de desigualdades de oportunidades educacionais e que luta pelo respeito à sua diferença.

Essa e outras mudanças em curso, no caso brasileiro, e que têm o Movimento Negro como um dos principais protagonistas nos permitem levantar a hipótese apontada por Valter Silvério (2005) de que vivemos a transição de uma sociedade na qual a representação monocultural construída e cristalizada pelas elites (intelectuais e políticas) está se transformando. A sociedade brasileira atual convive com uma representação social que cotidianamente se revela dinâmica e multiculural. Esse movimento pode ser visto na própria Constituição Brasileira de 1988 a qual, mesmo que de modo insuficiente, expressa essa mudança de representação de grande parte dos brasileiros.

De acordo com Silvério (2005) podemos notar que a Constituição de 1988 (e a ela acrescentamos a LDBEN 9394/96 alterada pela lei 10.639/03) reflete um momento histórico de transição sociopolítica. Essa transição expressa a mudança:

> [...] de uma sociedade que se representava como homogênea (do ponto de vista étnico-racial), harmônica (do ponto de vista do ideal de nação) e cordial (do ponto de vista das relações entre os indivíduos e grupos), para uma sociedade que se pensa como diversa e profundamente heterogênea (do ponto de vista étnico-racial), dissonante (do ponto de vista do ideal de nação) e conflituosa (do ponto de vista das relações entre indivíduos e grupos). (p. 95)

Algumas iniciativas no campo da formação de professores para a diversidade étnico-racial

Ao destacar e lutar pelo reconhecimento da diversidade étnico-racial na educação brasileira e cobrar mudanças na prática e no currículo escolares o Movimento Negro traz para o debate público diferentes interpretações sobre a diversidade e politiza a existência múltipla, variada e dinâmica da população brasileira.

No caso específico da educação, a lei 10.639/03 possibilitou uma série de iniciativas do Ministério da Educação visando a formação de professores para a diversidade étnico-racial, a produção de material didático, a realização de pesquisas e o fortalecimento dos Núcleos de Estudos Afro-brasileiros (NEABs). Como iniciativas do Ministério da Educação citamos: os Fóruns Estaduais Educação e Diversidade Étnico-Racial, os Programas Uniafro I e II promovidos pela Secretaria de Ensino Superior (SESU) e Secretaria de Educação Continuada, Alfabetização e Diversidade (SECAD), as publicações específicas dentro da Coleção Educação Para Todos[4], a inclusão da discussão sobre *inclusão e diversidade* como um dos eixos temáticos da Conferência Nacional da Educação Básica, os seminários, os debates, as consultorias e o acompanhamento de experiências de ações afirmativas na educação básica e no ensino superior.

É importante considerar, nesse contexto, conforme salienta Sales Augusto dos Santos (2005), que antes mesmo de a lei federal 10.639/03 entrar em vigor, as pressões do Movimento Negro e, conseqüentemente, suas articulações com políticos mais sensíveis à questão racial no Brasil, tiveram como resultado a inclusão, por meio de leis, de disciplinas sobre a História dos negros no Brasil e a História do Continente Africano no ensino fundamental e médio nas redes estaduais e municipais de ensino de várias regiões do país, tais como: a Constituição do Estado da Bahia promulgada em 05/10/89; a Lei Orgância do Município de Belo Horizonte-MG promulgada em 21/03/90; a lei 6.889 de 05/09/91 do município de Porto Alegre-RS; a lei 7.685/94 de 17/01/94 do município de Belém-PA; a lei 2.221 de 30/11/94 do município de Aracaju-SE; a lei 2.251 de 31/03/95 do município de Aracaju-SE; a lei 11.973 de 04/01/96 do município de São Paulo-SP; a lei 2.639 de 16/03/98 do município de Teresina-PI e a lei 1.187 de 13/09/96 em Brasília-DF.

É também importante enfatizar que a aplicação da lei 10.639/03, assim como das outras legislações anti-racistas citadas anteriormente não se limita a ação do Estado. O Movimento Negro e os Núcleos de Estudos Afro-brasileiros (NEAB's) existentes no interior das universidades públicas e privadas, assim como outros grupos culturais e iniciativas da comunidade negra brasileira, há muito, vêm realizando ações voltadas a inclusão, discussão e problematização da temática étnico-racial na educação e em outros setores da vida social brasileira.

Esse processo remete a afirmação de Silvério (2005) de que, se por um lado, as mudanças normativas são o resultado das lutas sociais, por outro, essas lutas não se esgotam nessas mudanças, pelo contrário, ganham maior visibilidade no que se refere às várias interpretações do processo de mudanças social, política e cultural que está em curso. Parafraseando o autor podemos dizer que a compreensão das distintas formas mediante as quais a questão racial no Brasil vem sendo interpretada constitui-se em um dos elementos centrais para o entendimento dos desafios presentes no processo social e educacional do país.

Concluindo

É fato que a discussão sobre a questão racial em específico e da diversidade, de maneira geral ganhou um outro fôlego na sociedade brasileira do terceiro milênio. Não podemos deixar de considerar que tais mudanças, em nível federal, estadual e municipal, mantêm uma certa relação com a ascensão dos partidos políticos com um perfil mais à esquerda no poder, por mais ambigüidades e conflitos que a relação raça e classe assuma no percurso da esquerda brasileira. Mas, é certo, que tal situação não se limita aos governos ditos progressistas e nem à esfera do poder do Estado. Como aponta SILVÉRIO (2005) há um processo de reconfiguração do pacto social brasileiro que tem como elemento impulsionador atores sociais até então pouco visíveis na cena pública, dentre estes, o Movimento Negro. Essa situação traz novos desafios para a luta pela emancipação social no Brasil.

A luta dos movimentos sociais e, mais particularmente, do Movimento Negro, explicita a tensão étnico-racial vivida no Brasil: a existência de um discurso sobre a harmonia racial e cultural entre os diferentes grupos étnico-raciais e a prática cotidiana do racismo ambíguo e da desigualdade racial e social atestada pela realidade do povo negro e pelas estatísticas oficiais. Nesse processo tenso, todos os setores sociais são chamados a se repensar. A educação é um deles.

Nesse contexto, a construção de uma educação anti-racista e que respeite a diversidade, baseada na lei 10.639/03, depara-se com alguns desafios. Dentre eles destacamos: o incremento dos intercâmbios intelectuais Brasil/África; a superação dos guetos acadêmicos que dominam o financiamento internacional dos projetos voltados para a temática racial e africana no Brasil; a superação da lógica conteudista no processo de formação de professores(as); a ausência da lei 10.639/03 nas orientações do Programa Nacional do Livro Didático, a necessidade de maior sistematização e divulgação do pensamento negro brasileiro nos meios acadêmicos e para os profissionais da educação básica; a socialização dos saberes produzidos pela comunidade negra na formação inicial e continuada de professores(as); o diálogo com as questões trazidas pelo Movimento Negro, a articulação entre o conteúdo da lei 10.639/03 e a educação da juventude negra; a inclusão da discussão, estudo e trato ético das religiões de matriz africana na formação dos professores(as) da educação básica e na prática das escolas e a implementação concreta da lei 10.639/03 nas escolas particulares.

Diante de tais desafios, os educadores e educadoras brasileiros, de qualquer pertencimento étnico-racial são convocados a construir novas posturas e práticas pedagógicas e sociais. Dentre elas destacamos: o desenvolvimento de uma inquietude epistemológica e política, o inconformismo diante das desigualdades e a aposta nos processos de emancipação social. Estas características apontadas por Paulo Freire e Boaventura de Sousa Santos nos levam a aprofundar ainda mais o entendimento da educação como humanização, como problema social e também pedagógico.

Na perspectiva de Paulo Freire somos desafiados a construir uma *Pedagogia do Oprimido*. No entanto, a questão racial nos ajuda a radicalizar ainda mais essa proposta. Somos levados a construir uma *Pedagogia da Diversidade*.

Referências

BARBOSA, Wilson do Nascimento; SANTOS, Joel Rufino dos. *Atrás do muro da noite*. Dinâmicas das culturas afro-brasileiras. Brasília, MINC, Fundação Cultural Palmares, 1994.

BENTO, Maria Aparecida Silva. Branqueamento e branquitude no Brasil. In: CARONE, I.; BENTO, M. A. S. (Orgs). *Psicologia Social do racismo*. Petrópolis: Vozes, 2002, p. 25-57.

BORGES PEREIRA, João Batista. Racismo à brasileira. In: MUNANGA, Kabengele. *Estratégias e políticas de combate à discriminação racial*. São Paulo: EDUSP, 1996, p.75-78.

BRASIL, Lei no 10.639 09 de janeiro de 2003. Brasília: Ministério da Educação, 2003.

CARDOSO, Marcos. *O movimento negro*. Belo Horizonte, Mazza Edições, 2002.

GOMES, Nilma Lino. *Sem perder a raiz*: corpo e cabelo como símbolos da identidade negra. Belo Horizonte: Autêntica, 2006.

HENRIQUES, Ricardo. *Raça e gênero nos sistemas de ensino*. Os limites das políticas universalistas de educação. Brasília: UNESCO, 2002.

PAIXÃO, Marcelo. Desigualdade nas questões racial e social. In: PADRÃO, Ana Paula (Coord.). *Saberes e fazeres*, Rio de Janeiro: Roberto Marinho, 2006, v. 1, p. 21-65 (A cor da cultura).

SADER, Eder. *Quando novos personagens entram em cena*. Rio de Janeiro: Paz e Terra, 1988.

SAHLINS, Marshall. *Ilhas de história*. Rio de Janeiro: Zahar, 1997.

SANTOS, Boaventura de Sousa. *A gramática do tempo*: para uma nova cultura política. São Paulo: Cortez, 2006.

SANTOS, Boaventura de Sousa. Por uma pedagogia do conflito. In: SILVA, Luiz Heron *et al*. (Orgs.). *Novos mapas culturais, novas perspectivas educacionais*. Porto Alegre: Editora Sulina, 1996. p. 15-33.

SANTOS, Sales Augusto dos. A lei 10.639/03 como fruto da luta anti-racista do Movimento Negro. In: *Educação anti-racista:* caminhos abertos pela Lei Federal 10.639/03. SECAD, MEC, 2005, p. 21-37.

SILVÉRIO, Valter Roberto. A (re)configuração do nacional e a questão da diversidade. In: ABRAMOWICZ, Anete; SILVÉRIO, Valter Roberto. *Afirmando diferenças*: montando o quebra-cabeça da diversidade na escola. Campinas/SP: Papipus, 2005, p. 87-108.

A pedagogia multirracial popular e o sistema escolar[1]

Miguel González Arroyo

As tensões raciais estão chegando às escolas brasileiras. Em boa hora. Se não há como ocultá-las e silenciá-las na sociedade, não haverá como teimar em ocultá-las e silenciá-las no sistema escolar como um todo, da educação infantil à superior. Na educação, as educadoras e os educadores estão mais sensíveis e abertos a buscar formas de um trato pedagógico da diversidade étnico-racial no cotidiano de seu trabalho. Uma realidade desafiante que parecia apenas preocupação de militantes do Movimento Negro, de intelectuais, pesquisadores e educadoras e educadores negros(as) vai se tornando uma interrogação para o pensamento educacional, as pesquisas e as políticas, os currículos, as didáticas e as propostas pedagógicas.

No conjunto de interrogações que desperta a marcante presença da diversidade étnico-racial no sistema escolar, surgem algumas nestas reflexões: estará sendo construído um *pensamento negro em educação*?[2] De maneira mais focada, estará sendo construída uma pedagogia multirracial? De que forma esse pensamento e essa pedagogia dialogam com o pensamento e a pedagogia popular e escolar?

Por que refletir sobre esse possível diálogo? De um lado encontramos uma retomada do pensamento educativo que inspirou a Educação Popular, por parte dos Movimentos Sociais e por parte da renovação que acontece nas redes de ensino e nas escolas públicas populares. De outro lado, as propostas político-pedagógicas de muitas redes de ensino e escolas populares assumem a diversidade étnico-racial dos seus mestres e educandos. Tornam-se freqüentes projetos que buscam o trato educativo da diversidade étnico-racial através de uma pedagogia multirracial popular. Será possível esse diálogo? Que contribuições traz para a prática o pensamento educativo?

Um diálogo em construção

---

[1] Este texto é resultado de uma palestra proferida pelo autor no Colóquio Pensamento Negro em Educação no Brasil, realizado pelo Núcleo de Estudos Negros (NEN), nos dias 16 e 17 de fevereiro de 2006, em Florianópolis-SC.

[2] Lógicas, conhecimentos, culturas, formas de ser e ver o mundo construídas e produzidas pelo povo negro na diáspora africana e no diálogo intercultural.

É possível estabelecer um diálogo entre a pedagogia multirracial e a pedagogia popular. Está nas origens do Movimento de Educação Popular a busca de sua inspiração nos movimentos sociais de descolonização, emancipação e libertação da África que vinham acontecendo desde as décadas de 60-70. É significativo que os movimentos sociais mais recentes tenham retomado conquistas da educação popular, as tenham ampliado e radicalizado. O diálogo tem sido feito através da identidade ou confluência de concepções e de matrizes educativas, mas, sobretudo, o diálogo se torna possível pela identidade de concepções de sociedade e de ideais de igualdade, emancipação e liberdade. Os movimentos étnico-raciais sempre privilegiaram as lutas pelo direito à diversidade. Nesse contexto, a pedagogia multirracial aproxima-se do pensamento e da pedagogia popular.

Entretanto, o diálogo entre a pedagogia multirracial e popular com o pensamento e a pedagogia escolar não tem sido tão fácil. Somente no final dos 80 e nos 90, no Brasil, redes de ensino, sobretudo municipais, e coletivos docentes tentam trazer as contribuições da pedagogia popular para o sistema escolar. Nesse processo, o movimento negro, intelectuais e educadores encontram no sistema escolar um campo privilegiado de intervenções, sobretudo nas instituições públicas populares onde a diversidade étnico-racial é mais presente e desafiante. Dificilmente a professora e o professor, a direção e a coordenação podem ignorar que preparam aulas, administram projetos educativos em um diálogo com crianças e adolescentes, jovens e adultos que carregam a diversidade étnico-racial para as aprendizagens, a socialização e a formação, para os convívios nas salas de aula e nas escolas. Os avanços, ainda que tensos, no reconhecimento da diversidade étnico-racial, por parte do pensamento educacional, das políticas, dos currículos e didáticas, da coordenação e da docência talvez sejam um dos elementos mais instigantes para o repensar e o fazer educativos no sistema escolar.

Pertencemos a uma tradição que sempre buscou fora inspiração para as inovações educativas. Buscamos inspiração em novas teorias e tendências. Desta vez a motivação vem de dentro da relação educativa, dos seus sujeitos mestres e educandos. Vem de quem somos, como nos identificamos e na diversidade de gênero, raças, etnias. Os desafios para reconstruir as escolas, os currículos e a docência podem vir de assumir a riqueza da diversidade de culturas, valores, saberes e identidades dos sujeitos da ação educativa. Essa é a inspiração da pedagogia multirracial popular. Esse quadro desperta otimismos e traz interrogações que exigem respostas do sistema escolar, dos pesquisadores, dos intelectuais e dos educadores. Qual seria o primeiro passo? Reconhecer que a diversidade étnico-racial tão presente e tensa na nossa história social e cultural está interrogando e inquietando como nunca o campo educacional. Deveríamos agradecer o Movimento Negro de maneira particular, os educadores(as), os intelectuais, os pesquisadores e até a infância, a adolescência e a juventude negras por se fazerem presentes e interrogantes no campo educacional e que por décadas, com insistência, vêm abrindo frestas e se revelando, saindo do ocultamento a que a sociedade e o sistema escolar pretenderam relegá-los.

Há fatos novos no sistema que mostram que a diversidade étnico-racial chegou e se instalou nele como em seu legítimo território. A diversidade entra nos encontros de docentes, em congressos, colóquios e conferências. Entra associada à formulação de políticas, currículos e até da prática escolar mais cotidiana: "alfabetização-letramento e diversidade étnico-racial". "A diversidade étnico-racial e políticas de universalização da escola básica" ... e tantos outros temas se tornam freqüentes em debates e congressos brasileiros.

A diversidade entrou nas escolas através de uma pluralidade de projetos e oficinas onde participam educadores e educandos. Entrou nos órgãos de gestão, nas Secretarias Estaduais e Municipais, no Ministério da Educação, na Secretaria de Educação Continuada, Alfabetização e Diversidade - SECAD e na Secretaria Especial de Políticas de Promoção da Igualdade Racial - SEPPIR.

Esses avanços não permitem um otimismo ingênuo. O diálogo entre o pensamento negro, a pedagogia multirracial popular, o pensamento e a pedagogia escolar não tem sido fácil, nem nos órgãos de formulação de políticas, nem na academia, nem sequer nas escolas públicas populares. O pensamento negro em educação, as pedagogias multirraciais terão mais facilidade em encontrar um diálogo com a pedagogia popular do que com a pedagogia escolar. Entretanto, resulta promissor que o movimento negro e os educadores e pesquisadores continuem dando especial atenção a intervir no sistema educacional. As políticas contra o racismo nas escolas e a defesa de ações afirmativas para entrada e permanência dos negros nas universidades são eloqüentes exemplos da prioridade dada pela comunidade negra ao seu direito à educação. Na educação básica há uma longa história de intervenções que demonstra que o diálogo entre a pedagogia multirracial popular e as escolas é possível. Nas universidades, esse diálogo avança em múltiplas manifestações. Tentemos destacar alguns pontos onde esse diálogo vai se afirmando.

Desconstruindo imagens racistas

O diálogo tem privilegiado estratégias de combate ao racismo na sociedade e no sistema através de ações educativas. O racismo é visto como um problema cultural, moral, de mentalidades, logo seu combate passa a ser caracterizado como uma intervenção educativa, pedagógica e, conseqüentemente, dar ênfase em intervenções no sistema escolar visto como um dos espaços educativos por excelência, como um espaço pedagógico e cultural, capaz de mudar imaginários, valores, culturas e condutas.

A questão em aberto é pesquisar o que implica essa caracterização cultural, moral do racismo e a opção estratégica pela educação. As prioridades tendem a concentrar-se em mudar imaginários racistas no livro didático, na cultura escolar e docente. Educar para a tolerância e o respeito à diversidade cultural. Daí a ênfase à crítica aos livros e ao material didático e às tentativas de produção de novos materiais, orientados por uma pedagogia multirracial. Em cursos de formação permanente, a ênfase ainda tem sido despertar os docentes para o reconhecimento e o respeito ao trato da diversidade que os leve a incorporar uma pedagogia multirracial.

Os avanços têm sido significativos e promissores, porém lentos. Ainda há muito a avançar. Essa estratégia de intervenção vai mostrando seus limites e outras vão se impondo na formulação e implementação de políticas que criem condições estruturais para a desconstrução de imaginários racistas. Por exemplo, avançar mais na criação de normas compulsórias sobre a eliminação de todo preconceito racial no material escolar e nas condutas dos alunos e profissionais das escolas. Desenvolver políticas mais coerentes de produção de novos materiais. Incorporar representantes do movimento negro, pesquisadores, intelectuais e educadores na formulação dessas políticas. Políticas mais focadas de formação inicial de professores e administradores para o trato da diversidade e da pedagogia multirracial. Obrigar os centros de formação a incorporar nos currículos de pedagogia e licenciatura o conhecimento da nossa realidade multirracial. Lamentavelmente essa realidade é ignorada nas políticas e currículos de formação inicial, deixando a sua entrada de maneira periférica em cursos de formação permanente. Os avanços havidos na formação de uma pedagogia multirracial ficaram a cargo da boa vontade de coletivos de educadores e educadoras. Faltam políticas e intervenções de Estado, com caráter compulsório de políticas públicas. Pressionar o campo legal e as políticas públicas é uma frente que vem sendo priorizada pelo movimento negro, indo além de estratégias de convencimento dos docentes e dos produtores de material didático. Sem dúvida, é central intervir na superação de imaginários racistas, preconceituosos que ainda existem no sistema escolar, porém o racismo tem raízes mais profundas e vai além dos imaginários pessoais e socais. Traduz-se em uma permissibilidade legal que penetra até nas escolas, se traduz em uma histórica omissão do Estado e ausência de políticas focadas, afirmativas. Colocar o foco das intervenções nesses campos revela estruturas racistas onde são urgentes ações mais compulsórias.

A prioridade das intervenções parece caminhar nessa direção, por exemplo, a inclusão de políticas de ações afirmativas, cotas compulsórias na Reforma da Educação Superior, revela, pressiona e reeduca imaginários racistas e provoca maiores resistências do que ações de convencimento e de educação para o diálogo intercultural. As intervenções caminham para obrigar o Estado através de políticas de Estado. Por aí, o combate ao racismo na sociedade e no sistema escolar adquire dimensões políticas mais estruturais: comprometer o Estado, suas políticas e instituições e seus sistemas normativos. Comprometer as estruturas de poder.

Nesta direção é fundamental entender que os movimentos sociais não se limitam a reivindicar políticas, nem se consideram meros destinatários de políticas, nem mendicantes agradecidos de escolas, universidades, de ações afirmativas de entrada e permanência, mas como sujeitos coletivos de políticas. Os movimentos sociais, o movimento negro, em sua diversidade, tem marcado profundamente o estilo de elaboração de políticas e suas lógicas. Na medida em que se reconhecem sujeitos de políticas, vêm lutando para estar presentes nos espaços de poder e de formulação de políticas. Vêm marcando sua direção e suas prioridades, apontando um novo referente ético: a garantia dos direitos coletivos.

Essa postura poderia significar não abandonar a intervenção no livro e material didático e na cultura docente, mas também e sobretudo intervir como movimentos, como pesquisadores e como coletivos profissionais no ordenamento legal e nas políticas públicas. É um dever do Estado, através de políticas de Estado garantir o direito à cultura, identidade, diversidade dos coletivos étnico-raciais. É dever do Estado eliminar toda forma de racismos instituídos. Insistir numa espécie de conversão dos educadores, limpando de sua mente todo tipo de resquício de racismo sem elevar esses processos ao nível de políticas de Estado pode revelar uma visão do racismo apenas personalizado nos agentes escolares, nos produtores de material ou nas editoras, perdendo de vista os perversos processos estruturais que o produzem e reproduzem, nas estruturas de poder, nas políticas, nas estruturas da sociedade, no sistema normativo e legal.

Intervir nas estruturas e nas lógicas do sistema escolar

O que privilegiar na intervenção no sistema escolar? Privilegiar as estruturas escolares. É freqüente observar que depois de avanços significativos na abertura da cultura docente para a superação do racismo, os avanços no diálogo inter-racial e intercultural no cotidiano das escolas são limitados. Porque não são os professores, nem os administradores que fazem as escolas e o sistema de ensino. Ambos estão feitos e estruturados em lógicas seletivas, racistas. É possível intervir nessas estruturas e lógicas racistas?

O diálogo entre a pedagogia multirracial popular e a pedagogia escolar avança enquanto estratégia para intervir nas estruturas e nas lógicas do sistema que tem como *vício de origem* a exclusão e seletividade dos setores populares e a marginalização das crianças, adolescentes e jovens negros. Nesse terreno, o diálogo terá de girar em torno de algumas questões: haveria um racismo institucionalizado na própria configuração que o sistema escolar foi adotando? Administrar as diferenças étnico-raciais e culturais não teria sido uma das funções esperadas da organização escolar seletiva e classificatória que temos? O tecido escolar, dos mais seletivos do mundo, não continua administrando essas diferenças sócio-étnico-raciais?

Esse perfil hierárquico, seletivo, racializado não é um fardo antigo, a ser ultrapassado, como um entulho ainda não removido. É um perfil configurado no século passado para a integração seletiva dos setores populares e dos coletivos étnico-raciais. Perfil que se estrutura para reproduzir as hierarquias do presente. Nosso sistema é das décadas de 1930-1950, quando se coloca o problema da integração dos setores populares, as massas urbanas. Décadas em que a ideologia da democracia racial estava no auge. Nesse clima vai se conformando o sistema escolar público para *inclusão excludente* ou a *integração seletiva*. Daí que as lógicas em que se foi estruturando trazem esse *vício de origem*: selecionar, incluir excluindo os diversos. Pelos persistentes dados de seleção na entrada e de reprovação no percurso dos pobres e negros, o nosso sistema se tem revelado eficiente nos propósitos excludentes para que foi estruturado. Nessa função vem mostrando extrema qualidade. Por aí o racismo estrutural de nossa sociedade se concretiza nas estruturas seletivas do sistema escolar. Não esqueçamos que essa estrutura racista se perpetua até nossos dias nas turmas especiais, de repetentes, desacelerados... uma espécie de sistema paralelo para as crianças e adolescentes pobres e negros. As turmas da EJA revelam em sua cor as lógicas racistas de nosso sistema.

Outra pergunta para o diálogo: em que lógicas foi estruturado o sistema? Em que pressupostos se legitimam as hierarquias escolares a tal ponto de continuarem reproduzindo históricas hierarquias sócio-étnico-raciais? O sistema escolar se pensa a si mesmo como inerentemente igualitário e universalista, porém uma igualdade e universalidade concebidas em abstrato, não concebidas no diálogo com a diversidade racial, mas para silenciá-la. Daí que persistentemente o sistema venha ignorando a questão racial. Se todos para o sistema são iguais em abstrato não existem desiguais nem diferentes. O silenciamento da questão racial é uma conseqüência. A diversidade no percurso de entrada e permanência são inegáveis, porém são vistas como de responsabilidade individual entre os iguais. Eles chegam em condições pessoais apenas desfavoráveis para se inserir na lógica da igualdade. A ignorância da diversidade tem operado como um indicador do perfil racista do sistema escolar que precisa ser superado.

Como pensar políticas para a diversidade se o pressuposto estruturante do sistema é que todos em abstrato são iguais? Para o sistema, por décadas, não existe nem diversidade nem racismo na escola, vista como instituição e espaço por excelência da democracia racial. A concepção de igualdade e universalidade com que o sistema escolar se auto-identifica, deveria merecer uma atenção especial no diálogo entre a pedagogia multirracial popular e o sistema. A mesma concepção igualitária e universalista inspira o pensamento pedagógico, as didáticas e as teorias do currículo e os cursos de formação. O diálogo aí é igualmente difícil e tenso.

A estratégia será questionar essas lógicas e essas concepções de igualdade e de universalismo que tanto se aproximam das concepções de democracia racial. Não aceitá-las acriticamente. Não limitar-nos a propor estratégias de integração nessa tendenciosa igualdade e universalismo. Os persistentes dados que mostram a seletividade do sistema escolar são convincentes para negar a inocência dessas concepções. Entretanto, esses dados têm sido usados para reafirmar os ideais universalistas e de igualdade, condenando os excluídos e segregados como responsáveis individuais de seus percursos. Atribuindo as desigualdades nos resultados a uma suposta falta de motivação, de esforço ou de inteligência. Os percursos e trajetórias acidentadas das crianças, adolescentes vítimas da segregação sócio-étnico-racial têm sido um argumento para ocultar o racismo que ainda se faz presente no sistema escolar. Aí radica a perversidade racista das concepções de igualdade e universalismo que são construídas ignorando a alteridade. Em vez de rever as lógicas que se pretendem igualitárias condena os desiguais. São eles, os pobres, os negros e os não preparados e capacitados para concorrer na lógica escolar da igualdade.

Esse argumento conservador tem sido repetido para se opor à defesa de ações afirmativas: "*o dia em que os negros forem iguais e estiverem capacitados para entrar em critérios universalistas, de igualdade e de mérito, entrarão porque o sistema é igualitário*". A oposição conservadora as ações afirmativas proclama: "*respeitemos o sistema escolar regido por lógicas universalistas de igualdade*". Os que defendem as ações afirmativas partem de uma crítica às lógicas universalistas de igualdade em que o sistema se estrutura. Colocar o debate nessa crítica às lógicas que estruturam o sistema escolar na educação básica e na universidade será um grande avanço. Lógicas que são reveladas pelo movimento negro como estruturantes na construção de nosso sistema escolar desde suas origens.

Situado o diálogo ou o embate nesse terreno das estruturas e lógicas do nosso sistema algumas conseqüências aparecem para pensar estratégias de intervenção. A primeira: não subestimar o caráter racista da própria organização escolar. Não responsabilizar apenas os docentes e seus imaginários. Pesquisar mais como o racismo institucionalizado foi produzido e legitimado. Conhecer melhor como a estrutura escolar produz e reproduz a marginalização e exclusão dos negros. Que efeitos produzem nessa reprodução as persistentes classificações das crianças e adolescentes, jovens e adultos negros, nos níveis de ensino considerados como os mais baixos na hierarquia escolar e nos indicadores de baixo rendimento, nas reprovações, turmas especiais etc. Pesquisar que possíveis relações entre essas estruturas e classificações e as formas políticas de "administrar" a integração seletiva e a inclusão excludente das diversidades sócio-étnico-raciais. Com esses dados elevar as estratégias de intervenção nas estruturas do sistema em nível de políticas que redefinam essas estruturas e as lógicas que as legitimam.

Chegando a este terreno das estruturas e lógicas estruturantes do sistema escolar teremos de voltar à questão nuclear: em que aspectos seria urgente um diálogo entre a pedagogia multirracial, popular e escolar? Diríamos como orientação mais geral que a pedagogia multirracial e a popular teriam que trazer o diálogo para as bases racistas e excludentes em que historicamente se configuraram. Não começar por levar ao debate das escolas aspectos pontuais por mais prementes que sejam, mas ir construindo através de políticas públicas, junto com o pensamento educativo e as pedagogias escolares e docentes, as bases em que assentar outra pedagogia escolar traduzida em novas lógicas que permitam o diálogo com a pedagogia multirracial e popular. Que permitam a superação de imaginários e condutas, mas, sobretudo que cheguem ao desmonte das lógicas, rituais e estruturas produtoras e reprodutoras do trato seletivo e excludente dos coletivos tratados de forma desigual devido a sua diversidade étnico-racial.

Nesta direção, a estratégia pode ser perguntar-nos se existem tentativas de intervenção nas bases estruturantes do sistema. Pensemos em algumas das conquistas da pedagogia popular e multirracial em que se pode estabelecer o diálogo com o pensar e fazer pedagógico das escolas e de seus profissionais.

Ter um horizonte emancipatório

A pedagogia popular e a multirracial se alimentam e se inspiram em Movimentos Sociais emancipatórios, de superação de processos e estruturas históricas de colonização, racismo, segregação. As formas como Paulo Freire adjetivava essas "Pedagogias" traziam esse horizonte emancipatório: pedagogia do oprimido, pedagogia da libertação. Há farta produção teórica sobre essa característica tão marcante na pedagogia popular e na pedagogia dos movimentos sociais emancipatórios. O Movimento Negro nasce com essa identidade emancipatória, seus princípios, suas "pedagogias" e didáticas têm esse horizonte libertador dos coletivos negros. Toda a história de lutas destes coletivos no campo das políticas públicas e especificamente das políticas educativas, assim como a pluralidade de frentes de intervenção na sociedade e no sistema escolar carregam horizontes de uma pedagogia libertadora e emancipatória. Nesses horizontes foram se construindo as chamadas pedagogias multirraciais, inter-raciais. Talvez a melhor didática contra o preconceito seja mostrar o quanto há de positivo nessa história de emancipação.

É urgente afirmar esse horizonte emancipatório em todas as ações e intervenções, nas políticas, no livro didático, na formação de professores, nas ações afirmativas etc. Se essas intervenções perderem essa dimensão libertadora e emancipatória e se reduzirem a ações integracionalistas sem intervir no sistema e nas lógicas e estruturas excludentes ou nas lógicas do mercado e do sucesso perdem seu sentido de origem.

É urgente produzir pesquisas e teorização sobre os lugares por onde passam essas pedagogias emancipatórias, quais os sujeitos históricos das diversas formas de emancipação que vem acontecendo: o Movimento Negro; os coletivos de mulheres negras; a Associação Brasileira de Pesquisadores Negros (ABPN) com sua ênfase no caráter nacional e não localista dos problemas e dos ideais emancipatórios; os núcleos de pesquisa e produção do pensamento negro nas várias frentes, como trabalho, saúde, educação etc; os coletivos docentes da educação básica e superior; as frentes de superação do racismo presentes nos diversos movimentos sociais, movimento feminista, sindical, docente, do campo, indígena, no movimento juvenil, nas diversas frentes de afirmação da cultura, da estética negras etc. Todas são frentes que criam matrizes teóricas, didáticas e pedagogias afirmativas, emancipatórias. As políticas e ações afirmativas carregam essa inspiração emancipatória.

Com esses materiais é possível construir um pensamento negro em educação e uma pedagogia multirracial para dialogar com a pedagogia escolar e com o pensamento educacional. Porém não esqueçamos que o pensamento negro em educação, seus pesquisadores e as suas pedagogias são também submetidos a processos de ocultação e de silenciamento. O próprio pensamento educacional produz essa imagem negativa como tem feito por décadas com o pensamento do Movimento de Educação Popular e com o pensamento educativo dos diversos Movimentos Sociais. O fato da maioria das ações pedagógicas que os coletivos negros levam às escolas estarem situadas na periferia, como projetos e ações de educadores(as) comprometidos pessoalmente com as questões raciais e com o diálogo multirracial, confere a essas ações e pedagogias uma condição marginal. As pedagogias popular e multirracial padecem da marginalização com que historicamente é tratado o povo e os coletivos diversos, especificamente, os negros, em nossa tradição política, cultural, intelectual e escolar. Este dado acrescenta a essas pedagogias uma função emancipatória urgente, inadiável: libertar dessa histórica marginalização até a pesquisa, o pensamento e a pedagogia multirracial.

Talvez seja urgente pesquisar e articular mais essa pluralidade de frentes onde estão sendo produzidos sinais que anunciam a construção de pedagogias, didáticas e de um pensamento negro em educação que trazem essa marca emancipatória. Essa produção e essas manifestações poderão alimentar debates, encontros, inventar formas de intervenção nas políticas, no material, nos currículos, nas escolas e inclusive no pensamento educacional. Mostrar essa rica produção das escolas, dos docentes e pesquisadores pode ter um efeito educativo para a difícil tarefa de superar a visão negativa que a sociedade, a intelectualidade e o pensamento educacional ainda mantêm em relação ao que é produzido pelos coletivos negros.

Levar o diálogo entre a pedagogia multirracial e popular à pedagogia escolar nesse patamar, seu caráter emancipatório, não é fácil. Sabemos como a escola no ideário se apresenta como um espaço de emancipação, quando afirma seus princípios norteadores, entretanto ao longo de sua longa história tem se estruturado e agido como uma instituição extremamente reguladora. O sistema escolar tem sido uma das instituições mais reguladoras da sociedade. Regula os tempos de pesquisa e os conhecimentos que considera como legítimos, regula os valores, culturas, memórias, identidades a partir de padrões universalistas ou generalistas construídos sem um diálogo com a alteridade e a diversidade.

A escola tem sido e continua sendo extremamente reguladora dos diferentes, dos povos e coletivos social e culturalmente marginalizados. A estrutura do sistema tem estado a serviço da regulação desses coletivos. Neste quadro o diálogo não será fácil. Será tenso e marcado por fortes resistências a renunciar a esse papel regulador e assumir um papel emancipatório. Este é um dos pontos mais tensos nas tentativas de um diálogo entre pedagogias escolares e a pedagogia popular, multirracial: a tensão entre regulação e emancipação.

Por onde avançar? Avançar reconhecendo que essa prática reguladora é também tensa dentro das escolas e dos coletivos docentes. Não é mais pacífica. Explorar essa tensão, aliar-se com os coletivos que provocam essa tensão. Não tratar as escolas nem os docentes como um todo homogêneo. Escolher alianças, somar com os coletivos anti-regulação, apoiar suas práticas, entrar em suas redes.

Os movimentos sociais estão reconhecendo, ainda com dificuldade, que os espaços escolares são espaços tensos, não estão invadidos em sua totalidade por preconceitos, nem por imaginários racistas. Há nas escolas de educação básica muitos docentes, coordenadores, administradores fiéis às suas origens e a sua militância como negros(as), como há profissionais que vêm de origem popular e de militância em vários movimentos. Somar com essas frentes emancipadoras é o espaço para o anúncio de um diálogo possível. Ter consciência de que tentar um diálogo inter-racial ou colocar nas escolas, Secretarias ou no MEC um núcleo de diversidade racial, introduzir a história da África, da memória e cultura negra ou defender ações e políticas afirmativas na educação básica e superior, significa provocar uma tensão entre pedagogias da regulação e pedagogias da emancipação, social e racial.

Afirmando direitos coletivos

Outro ponto positivo para o diálogo é a persistência dos coletivos em situação de exclusão para se afirmar como sujeitos de direitos. Os movimentos sociais, especificamente o movimento negro, as educadoras e os educadores têm clareza de que na raiz dos preconceitos e da segregação está o não reconhecimento de serem sujeitos de direitos, de identidades, saberes, culturas, valores e memórias. Uma das marcas da pedagogia popular e que maior tensão trouxe a nossa cultura política e educativa foi reconhecer o povo como sujeito de história. Trazer uma visão positiva do povo contra a tradição histórica marcada por uma visão negativa. Os movimentos do campo, por exemplo, se contrapõem à visão negativa dos povos do campo e vão recriando uma visão positiva de sujeitos de história, valores e resistências. Sujeitos de direitos. Essa é uma das dimensões mais ricas da pedagogia popular e dos movimentos sociais, desconstruir imaginários tão negativos do povo e dos coletivos que representam e, ao mesmo tempo, ir afirmando identidades positivas no imaginário social e nos próprios coletivos. Afirmando-se sujeitos de direitos. Colocar o diálogo entre a pedagogia multirracial, popular e escolar no campo dos direitos será o melhor horizonte de sentido. Será acertar com um referente ético comum.

No Movimento Negro e nos coletivos de intelectuais e de educadores e pesquisadores, encontramos a mesma pedagogia: desconstruir imaginários tão negativos construídos ao longo de processos segregadores dos negros e ao mesmo tempo construir identidades positivas, afirmando-se sujeitos de direitos. Neste ponto temos de reconhecer que tem havido avanços. No mínimo a tensão e o debate estão postos e com destaque na sociedade e no sistema escolar. O debate hoje é pela afirmação dos coletivos diversos como sujeitos de direitos.

O diálogo com as escolas tem de avançar nessa direção. Mas em que medida as escolas avançaram no reconhecimento dos educandos como sujeitos de direitos?

Sabemos que com bastante timidez os alunos e as alunas estão sendo reconhecidos sujeitos de direitos. Ainda não é familiar entre professores o debate sobre o Estatuto da Criança e do Adolescente, nem sobre os direitos humanos.

Ainda a visão mais freqüente dos alunos, sobretudo populares é de futuros empregáveis, mão-de-obra a ser treinada e carimbada para o mercado segmentado. Sabemos que as lógicas escolares se inspiram em valores do mercado mérito, sucesso, competências, competição e não em valores de direitos. O diálogo das escolas com os movimentos sociais, especificamente com a pedagogia multirracial popular poderá levar as escolas a superar essa visão mercantilizada dos educandos e a substituir as lógicas do mérito, sucesso, por lógicas dos direitos. Que a lógica dos direitos e do reconhecimento dos alunos como sujeitos de direitos norteie a construção dos currículos, da avaliação, da entrada e permanência no sistema escolar. Nesse sentido, o diálogo com a pedagogia multirracial popular tenderá a instalar uma tensão no interior do sistema escolar. É o que está instalado na entrada e permanência na educação superior no momento em que as comunidades negras propõem critérios de direito contra os tradicionais critérios mercantis de mérito e sucesso.

Porque o sistema escolar tem tanta dificuldade de superar a lógica do mercado e se reger pelo referente ético dos direitos se desde os anos 80 se proclama a educação como direito de todo cidadão? Porque iniciava-se de uma visão abstrata do direito enquanto o que o movimento negro propõe é o reconhecimento de sujeitos concretos de direitos concretos, sujeitos históricos, não abstratos, com trajetórias históricas de segregação social e racial e também com trajetórias históricas de resistência e afirmação. A passagem da proclamação de direitos em abstrato a direitos de sujeitos concretos exigirá um tenso diálogo entre a pedagogia multirracial popular e a escolar. Um campo urgente, aberto onde avançar. Para que os educandos na sua diversidade étnico-racial sejam reconhecidos e tratados como sujeitos de direitos o movimento negro e intelectuais e educadores se mantêm fiéis a sua herança histórica de lutas por afirmar-se sujeitos de direitos. Reivindicam a entrada e permanência no sistema como exigência política e ética de sua condição de sujeitos de direitos para o que se contrapõem a critérios de mercado, mérito, sucesso, concorrência. Critérios que por décadas os mantiveram excluídos e segregados.

Será suficiente parar aí? Uma das lições mais instigantes dos movimentos sociais é afirmar-se sujeitos coletivos de *direitos coletivos*. Que conseqüências pode trazer essa ênfase na dimensão coletiva dos direitos para o direito à educação?

A pedagogia multirracial inclui em seu nome o reconhecimento de que existem coletivos (não indivíduos), etnias, raças em possíveis diálogos. Os movimentos sociais são movimentos de coletivos que se julgam desrespeitados em seus direitos como coletivos e lutam por uma consciência de direitos como coletivos. Defendem políticas focadas para coletivos. Os movimentos sociais têm criado a consciência de que existem direitos coletivos que exigem políticas específicas para a garantia dessa dimensão coletiva dos direitos. Nossa tradição política atua na lógica dos direitos individuais, daí a reação à construção de políticas para coletivos. Qualquer tipo de ação afirmativa, por exemplo, cria tensão política, porque sai da lógica dos direitos individuais.

O sistema escolar se rege por essa lógica do direito individual à educação, cada aluno é um aluno em seus percursos individuais, com ou sem problemas individuais de aprendizagem, aprovado ou reprovado e retido. As lógicas que regem o trato dos alunos no cotidiano escolar são lógicas individualistas de sucesso, mérito, fracasso. Este é um dos pontos mais tensos no diálogo entre a pedagogia multirracial que reconhece sujeitos coletivos de direitos coletivos e a pedagogia escolar que se apega a concepções individualistas de alunos e de seus direitos à educação, a entrada e permanência nas escolas e universidades.

No campo da educação é fácil constatar persistentes negações desse direito não apenas a indivíduos, mas a coletivos étnico-raciais. Os dados do Instituto de Pesquisa Econômica Aplicada (IPEA) mostram séries históricas de negação do direito à escolarização aos coletivos étnico-raciais, tanto na educação básica quanto na universidade. As estatísticas de ingresso, permanência, aprovação, reprovação ou a cor das turmas de progressão, aceleração são indicativos persistentes de que os segregados, reprovados fazem parte dos coletivos pobres e negros. Destacar esses persistentes dados que revelam a forma de lidar com esses coletivos, pode ser um caminho para o diálogo entre a pedagogia multirracial popular e a pedagogia escolar. A introdução do debate no campo dos direitos coletivos será uma das contribuições mais politizadas para esse diálogo.

As conseqüências para o diálogo no campo dos direitos coletivos, entre a pedagogia multirracial popular e as escolas é ir além das políticas e práticas *integracionistas* tão dominantes no campo da educação. Ninguém duvida da boa vontade presente na cultura escolar para integrar as crianças e adolescentes pobres e negras na escola e pela escola na sociedade. A estratégia ainda é ir abrindo as portas da escola para ir integrando, assimilando, incluindo cada criança e adolescente excluído para depois se virarem individualmente na sociedade supostamente aberta. Colocar o direito à educação na ótica dos direitos de sujeitos coletivos se opõe radicalmente a essa cultura *integracionista, assimilacionista* e *inclusiva de cada indivíduo*. Opõe-se a políticas e posturas generalistas que proclamam o direito de todos, indistintamente, porém ignoram as diversidades dos coletivos feitos desiguais em nossa formação social.

Outra conseqüência para o diálogo será que se incorpore nos currículos a história da construção, afirmação e negação dos direitos humanos, especificamente do direito à educação para os coletivos vítimas da segregação sócio-étnico-racial na sociedade e no sistema escolar. Essa história não faz parte dos currículos, mas é uma rica e tensa história sobre a qual já existe produção teórica e dados nas diversas ciências humanas. Um saber acumulado a que os coletivos que lutam por direitos têm direito de aceder e conhecer para conhecer-se.

O direito ao conhecimento e à ciência

Os movimentos sociais, o movimento negro em sua pluralidade defendem o direito ao conhecimento acumulado para todos os coletivos a quem foi negado. A diversidade de lutas pelo acesso e permanência no sistema escolar revela o peso que os movimentos dão ao direito ao conhecimento. Mas que conhecimento? O diálogo entre a pedagogia multirracial e escolar vai além do acesso igual ao conhecimento igual. As tentativas de diálogo revelam que as tensões no campo do direito ao conhecimento são bastante profundas. É de extrema relevância política situar o diálogo nesse campo do conhecimento que a escola considera como seu campo e que os movimentos raciais afirmam como direito. O diálogo multirracial, intercultural tem de tocar nesse campo que a escola considera como seu núcleo de identificação.

Para esse diálogo seria oportuno que o Movimento Negro e a pedagogia popular e escolar estivessem atentos aos avanços havidos nas últimas décadas nos estudos sociais e culturais das ciências e dos diversos campos do conhecimento. Esses avanços têm apontado além da revisão crítica (pedagogia crítico-social) dos conteúdos curriculares. Esta revisão forte na década de 80, procurava rever criticamente os currículos, a história ensinada, por exemplo, introduzindo interpretações mais abertas, introduzindo a história do povo, das suas lutas etc. Entretanto, não ultrapassa uma visão fechada do currículo, não abre nem cogita em um diálogo multirracial e intercultural no campo das ciências e do conhecimento. Daí que os conteúdos críticos continuaram sendo exigidos, ordenados e avaliados com as mesmas lógicas universalistas, excludentes e seletivas. Os povos do campo, os negros, os pobres continuaram sendo tão reprovados e excluídos estudando conteúdos críticos ou tradicionais. Não apenas esses coletivos continuaram reprovados, sobretudo seus saberes, memórias, formas de pensar continuaram não reconhecidos como conhecimentos dignos de um currículo. Ao máximo esses conhecimentos foram aceitos como periféricos e exóticos.

Uma das funções do diálogo intercultural, multirracial, será torná-los familiares e legítimos. Para isso será necessário quebrar esse trato doméstico que a docência tem com os conteúdos escolares e curriculares, vistos como os únicos conhecimentos e as únicas formas de pensar a realidade e a condição humana. Sabemos como estamos tão familiarizados com os conteúdos de nossa disciplina e área que qualquer outro conhecimento e outra forma de pensar produzidos e vividos em outras culturas nos resultam algo invasor, logo serão rejeitados e se admitidos serão pelas bordas, sem legitimidade.

Os formuladores de políticas de currículo e os docentes estão tão seguros de que os conteúdos escolares que se ensina nas escolas são universais, que se assustam com o fato de que os coletivos diversos em cultura, memória, identidades, pretendam que seus saberes e valores, sua história e memória e suas formas de pensar sejam reconhecidos como conhecimentos e como formas legítimas de pensar. Não chegou a crítica a essa crença de que os conhecimentos escolares são os únicos legítimos porque universais. Sem a dúvida ou a superação dessa crença qualquer diálogo intercultural será impossível no campo do conhecimento.

A crença nessa universalidade faz parte de uma cultura que se nega a repensarse. Cultura que é contestada pelos movimentos sociais que partem de outros valores, de outras culturas em relação ao que é conhecimento. Que nos mostram estar em causa, culturas que exigem um reconhecimento de seus particularismos como pré-condição para um diálogo intercultural. Nada fácil para os conteúdos da docência que se autodefinem como o único conhecimento social e universalmente produzido e acumulado acertar-se como outra produção sócio-cultural do conhecimento.

A elevação dos conteúdos da docência à categoria de universais significou um longo processo de exclusão seletiva, de ignorância e silenciamento de tantos saberes, valores, conhecimentos, interpretações do real, da condição humana, da história e memória, sobretudo por tradições culturais de povos tratados como desiguais. A seleção dos conhecimentos escolares se deu em um processo de exclusão de umas tradições culturais e pelo privilegiamento de outras. Esta crítica já faz parte da sociologia crítica do currículo que tem mostrado que a seleção dos conteúdos curriculares está marcada pelas estruturas de poder, pela marginalização e silenciamentos das culturas vistas como subalternas. Em nome do direito ao conhecimento, os movimentos sociais reagem a esses silenciamentos e a essa marginalização de sua memória, saberes e valores nos currículos oficiais. Por exemplo, o silenciamento das mulheres, indígenas, negros, povos do campo como produtores de saberes, de história, de cultura, letras, artes, ciências. Entretanto, a sociologia crítica do currículo não há tocado, nem destacado que há uma construção racial do conhecimento que está na base da seleção racial dos conhecimentos nos currículos escolares. A construção racial dos saberes e sua seleção racial nos currículos fazem com que os currículos escolares reproduzam o racismo. Entretanto, como essa produção e seleção racial não são reconhecidas na teoria e nas políticas do currículo ficará difícil o diálogo multirracial no campo do conhecimento. Não será aceito sequer que os currículos silenciam outros saberes a que todos têm direito.

Levar o diálogo multirracial, intercultural às escolas significará reivindicar o direito desses saberes silenciados a entrarem no núcleo rígido dos conhecimentos selecionados e legitimados como únicos. Tarefa nada fácil uma vez que quanto mais rígidos foram se tornando os currículos e quanto mais seguros estão os docentes de seus conteúdos maior a propensão a fechar-se e a não reconhecer que estão defendendo uma tradição cultural específica. Mais propensos a desprezar outras tradições culturais.

O diálogo intercultural no campo dos currículos significará ir além de colocar uma pitada de criticidade nos conteúdos consagrados como o único conhecimento acumulado. A crítica chegará a sua pretensão de ser todo o conhecimento historicamente produzido. Criticar sua rigidez e estreiteza para que se abra a outras tradições de conhecimento e cultura. Por aí vemos que o diálogo multirracial, intercultural no campo do conhecimento escolar é mais complicado do que introduzir nas escolas manifestações culturais, artes, estéticas. Mais complicado do que rever o racismo no livro didático. A introdução, por lei, da história da África, da memória e cultura negras (lei 10.639/03) introduz o debate no cerne do núcleo duro do currículo: há conhecimentos, saberes, valores, ciências, interpretações da natureza, das sociedades e da condição humana que vêm da tradição africana e das vivências dos afro-descendentes que merecem o status de conhecimento curricular. Todos têm direito a esse conhecimento. Podemos esperar que o embate se dará nessa pretensão de reconhecimento de saberes, memórias e culturas de coletivos que exigem reconhecimento e inclusão como saberes e culturas de direito. Avançar nesse diálogo significará ampliar o direito ao conhecimento produzido na pluralidade de culturas e de vivências históricas.

Temos acompanhado revisões curriculares que corajosamente vão limpando o "entulho" que foi se acumulando em cada disciplina, ou revisões que limpam teorias superadas e introduzem os avanços em cada ciência, porém não passam de revisões dentro do conhecimento e das ciências vistas na mesma tradição cultural excludente de outras tradições. Carecemos de uma revisão e reorientação curriculares feita a partir do reconhecimento de outras tradições de conhecimento. Falta uma revisão curricular feita num diálogo intercultural. Aceitar outras possibilidades de conhecimento, outros produtos e outras formas de conhecer não será fácil à concepção rígida de conhecimento que legitima os currículos. Nem será fácil as formas pétreas, gradeadas em que foram "curricularizados", organizados e transmitidos. A pretensão nada fácil de um diálogo multirracial, intercultural no campo do conhecimento escolar tem de ser tentada junto com a consciência de estar levando aos currículos a insegurança sobre si mesmos e sobre a tradição cultural em que legitimam sua segurança. Mostrar que são racializados, na sua origem.

A tendência será aceitar a entrada da diversidade de conhecimentos, desde que esta não pressione os currículos, desde que busque ou aceite um cantinho nas grades, nas cargas horárias, na diversidade de temas transversais. Esse pode ser o lugar permitido à história da África, da memória e da cultura negras. Caso não estejamos atentos este avanço pedagógico, tão caro ao Movimento Negro, corre o risco de ser aceito no currículo desde que não seja considerado como ciência, conhecimento, modos de pensar, ensinar, aprender. Desde que a diversidade e os diversos se encaixem nas grades e no conhecimento acumulado e selecionado como inquestionável. Sem dúvida, este núcleo duro será o campo mais resistente ao diálogo intercultural e à pedagogia multirracial.

Os defensores do diálogo intercultural nesse núcleo duro pressupõem que são possíveis outras alternativas curriculares porque há conhecimentos não incluídos, marginalizados e há formas de pensar não reconhecidas, há tradições culturais ignoradas que se incorporadas enriquecerão os currículos. Pressupõem que não há uma forma de conhecimento totalizante condensada nos currículos que se aprendida pelos alunos, sejam quais forem, darão conta de entender-se e de entender toda a realidade social e humana.

O diálogo multirracial, intercultural no campo do currículo introduz dúvidas, tensões nestas crenças, daí que seja considerado explosivo e rejeitado. Ao menos temido. Se este diálogo fosse aceito, as escolas teriam de rever a persistente condenação dos alunos em sua maioria populares, negros, como incapazes de aprender os conhecimentos, a cultura, os valores e as ciências "universais". Teriam de rever a prática de classificá-los como alunos com problemas de aprendizagem. Mas para tudo isso teriam de rever as concepções de conhecimento, de docência, de formas de aprender a realidade e de aprender-se.

Direito à cultura. A defesa dos direitos culturais

Na história dos movimentos sociais encontramos um destaque especial ao direito à cultura. O movimento negro enfatiza o direito à memória e à cultura das comunidades negras e dos afrodescendentes. Poderíamos dizer que os movimentos sociais tocam na dinâmica cultural da sociedade. São movimentos culturais, repõem valores e referentes morais no debate político, politizam a cultura e a diversidade cultural. Em que medida o sistema escolar, sua cultura e a cultura docente se vêm afetados pela dinâmica político-cultural que os movimentos põem na sociedade? A ênfase que o movimento negro em suas diversas manifestações põe no direito à memória, à cultura e aos valores, que interrogações traz para as escolas?

O campo da cultura se torna central, na tentativa de um diálogo entre a pedagogia multirracial e o sistema escolar. Introduzir nas escolas aspectos parciais da herança cultural do povo negro já era uma das frestas por onde se aceitava que a sua presença em nossa história fosse ao menos lembrada ainda que de maneira estereotipada. A cultura foi um campo mais aberto a algumas manifestações de diálogo. A escola como instituição de cultura assumia essa função de abrir espaços, ainda que secundários, a algumas manifestações culturais das diversas etnias. Rever essa tímida e freqüentemente preconceituosa presença tem sido, como vimos, uma fronteira de diálogo. Estaríamos em um momento novo? A dinâmica cultural posta pelos movimentos sociais e, especificamente, pelo movimento negro faz com que a memória e cultura negra nas escolas entrem em um tempo novo. A cultura passou a ser um campo privilegiado onde as intervenções se fazem mais presentes.

Entre o corpo docente se está avançando no reconhecimento da diversidade cultural e até do respeito a outras culturas, sobretudo entre os profissionais que têm origem nesses coletivos ou que foram conscientizados por alguma forma de participação no movimento negro. Por outro lado, as identidades e culturas ignoradas e reprimidas se tornaram mais visíveis e mais fortes, conseqüentemente, menos vulneráveis a silenciamentos até dentro das escolas. Expõem-se em público, em congressos, dias de estudo, em oficinas e projetos. Produzem pesquisas, teorizam sobre a ausência e presença preconceituosas nas escolas. Nos encontros docentes é fácil encontrar um riquíssimo material de extrema qualidade que permite colocar em um novo patamar a memória e cultura negra nas escolas.

Estaríamos em um tempo propício para um diálogo intercultural de alto nível? O problema passa a ser onde colocar esse diálogo possível. Abrindo frestas mais largas por onde entrem novas manifestações culturais? Elevando o nível ou superando a visão preconceituosa em que entravam?

Uma resposta simplista tem sido abrir algumas frestas por onde novas manifestações culturais sejam autorizadas a entrar na escola e se fazer presentes em projetos específicos, pontuais e marginais, ou na abertura de espaços em encontros docentes, em semanas da cultura etc. A idéia parece ser que a fidelidade ao monoculturalismo "tão forte nos currículos" será compatível com a abertura de alguns espaços e tempos secundários a outras manifestações culturais. Entretanto, a visão negativa da cultura negra não é superada. A tendência tem sido descaracterizar essas culturas e reduzi-las a manifestações folclóricas e festivas, por vezes reduzi-las a instrumentos de controle e moralização da infância, adolescência e juventude negra. Tornou-se freqüente incluir os alunos considerados como problema em grupos de música, dança, capoeira... Como se tornou habitual abrir encontros de professores levando crianças e adolescentes negros para espetáculos de capoeira, *rap*, músicas, danças, coreografias. Nem sempre nos conteúdos das palestras, dos cursos e das oficinas sua cultura e seus saberes são objeto de reflexão, reconhecimento e respeito.

Reduzir o diálogo intercultural e multirracial a essa abertura festiva e seletiva será um desrespeito a tantos séculos de resistência cultural. Será mais um monólogo. Os currículos tentam quebrar esse monólogo. Entretanto, a sua resposta tem sido não se questionar e nos prometer que estão abertos a introduzir a diversidade cultural apenas como uma temática. Abertos a oficializar o multiculturalismo como tema transversal às grades intocadas. Resposta dada pelos PCNs à tensão que o diálogo intercultural trazia. Uma resposta que vem significando que a diversidade cultural pode entrar desde que não se atreva a questionar no campo dos currículos a concepção de conhecimento e a tradição cultural excludente em que se legitimam.

Essas formas de "incorporação" reproduzem e não modificam a tradicional função reguladora do sistema sobre o que sejam concepções legítimas de saberes, valores, cultura, identidade.

Muitas tentativas de intervenção vão além: colocar o diálogo intercultural nos espaços nucleares, nos currículos, nas teorias pedagógicas, nos currículos de formação de professores e pedagogos, nas concepções de cultura, na própria função cultural das escolas e do sistema.

O diálogo nestes núcleos do sistema aponta para a função emancipatória de que falávamos antes, que os movimentos têm como horizonte: libertar as culturas da negação e do silenciamento racializado. Como avançar nessa direção? Incorporar nos currículos e na dinâmica escolar a história dos coletivos étnico-raciais e de suas culturas. Mostrar que foram submetidos durante um passado devastador a um processo de destruição de seus modos de pensar e de manifestação de suas culturas. Reconhecer que foram quebradas solidariedades em torno das quais se estruturavam valores, linguagens, rituais e sistemas simbólicos centrais para a reprodução de suas culturas e modos de pensar e de pensar-se. Será necessário ir além e reconhecer e mostrar aos educandos a função exercida pelas escolas. A entrada desses coletivos no sistema escolar colaborou no enfraquecimento de suas culturas e identidades.

A história da inclusão seletiva no sistema escolar dos coletivos étnico-raciais e a marginalização e trato preconceituoso de suas culturas colaborou nessa tradição de desenraizamento cultural. Os educandos têm direito ao conhecimento dessa história. Encontramos coletivos docentes que tratam com corajosa seriedade essa tensa história em projetos nas escolas, porém ainda há resistência a que seja incorporada nos currículos escolares e de formação docente.

Por que essas resistências? Porque há bloqueios estruturais ao diálogo no campo da cultura entre a pedagogia multirracial e o sistema. Bloqueios muito próximos aqueles destacados no campo do conhecimento. Assim como temos nos currículos concepções fechadas e hierarquizadas de conhecimento; assim temos concepções fechadas e hierarquizadas de cultura.

Toda tentativa de diálogo intercultural, multirracial terá de estar atenta às formas peculiares como o sistema escolar bloqueia o diálogo no campo da cultura. Uma dessas peculiaridades passa pela superioridade da cultura nobre e universal que o sistema se julga preservar. As escolas e os seus profissionais se julgam investidos da missão de levar a todos, ou de integrar todos como indivíduos nos valores, representações e símbolos vistos como únicos, como culturalmente universais. Quanto mais diversos forem os coletivos que chegam as escolas e quanto mais diversas as culturas, mais ameaçado se vê o sistema e mais obrigado se julga a se contrapor a essa diversidade reforçando pedagogias e currículos que universalizem a cultura e os valores considerados legítimos.

A estratégia na história do sistema escolar tem sido não considerar quaisquer outras culturas, ou a tal ponto desprezá-las que seus coletivos não se atrevam sequer a defendê-las como dignas de um diálogo intercultural e multirracial dentro do sistema. Reina um monoculturalismo nos currículos o que torna normal ignorar e silenciar outras culturas. Daí que o sistema escolar esteja contaminado por estereótipos e preconceitos, sobretudo contra as culturas, religiosidades, memórias, identidades étnico-raciais e contra os grupos que as representam. Aqui está uma forte barreira ao diálogo multirracial. A barreira está na própria função social que é atribuída à escola: levar os únicos saberes e valores e a única cultura a todos, ignorando e até desprezando a possibilidade, sequer de admitir que possam existir outras culturas. Uma postura restritiva do direito de todos a todas as culturas.

Conseqüentemente, uma das funções do diálogo multirracial será semear a dúvida nesse universo escolar tão fechado à diversidade cultural. O interculturalismo emancipatório se contrapõe a essa tradição monocultural tão arraigada na identidade do sistema escolar. Com essa barreira se defrontam tantos coletivos docentes que tentam superar relações preconceituosas, racistas ou que tentam que a figura dos coletivos étnico-raciais entrem com imagens mais positivas, que entrem suas culturas, sua memória, saberes, valores e representações de mundo, da sociedade, da condição humana.

Levar um diálogo multirracial ao sistema significará tentar que saia desse monoculturalismo e reconheça o caráter multicultural de nossa sociedade, que reconheça como legítimas as diversas culturas e os diversos valores e referentes morais dos coletivos diversos que fazem parte de nossa sociedade. Coletivos e povos que mesmo tratados de forma discriminatória mantiveram suas identidades e culturas como coletivos. Nas fronteiras das escolas está instalada uma fecunda tensão que exige equacionar essa diversidade de identidades e culturas.

Como fazer avançar o diálogo multirracial, intercultural e o sistema escolar? Afirmar o direito à cultura. Devemos aos movimentos sociais e com destaque aos movimentos étnico-raciais ter colocado com ênfase a cultura no campo dos direitos humanos, dos povos que representam. A pergunta se impõe: Tem sido fácil ao sistema escolar reconhecer a cultura como direito? A escola se vê a si mesma mais como um espaço de conhecimento do que de cultura. Afirma que sua função é garantir o direito ao conhecimento, porém separado da cultura. Ignora ou secundariza a garantia do direito à cultura. Quando consegue equacionar a cultura em alguns tempos extracurriculares o faz preocupada com a formação cultural dos educandos como indivíduos membros de um coletivo indiferenciado, o povo, a nação. Nestes limites, se defrontam as escolas para incorporar o direito à cultura. Como superar esses limites e ir além? Afirmando e defendendo os direitos culturais.

Na contramão dessa tradição escolar os coletivos étnico-raciais afirmam o direito a suas culturas como direitos de coletivos. Introduzem e afirmam o conceito de Direitos Culturais, o que provoca uma luta pela legitimação e o reconhecimento de identidades e culturas coletivas. Como se os direitos humanos, que tanto defendem, fossem reinventados como direito à identidade cultural. Como se a defesa dos direitos culturais acrescentasse novo significado à luta pelos direitos humanos. Inclusive acrescentando novos significados ao direito à educação.

As tentativas de diálogo entre a pedagogia multirracial e o sistema escolar sabem que colocar a cultura nesse patamar dos direitos culturais coletivos introduzirá uma tensão no paradigma de integração cultural individualista com que a escola trabalha. O diálogo caminha no sentido de que o sistema escolar, as escolas e os docentes assumam como função a garantia dos direitos culturais dos coletivos étnico-raciais que fazem parte de nossa formação social, política e cultural.

O diálogo entre a pedagogia multirracial popular e o sistema escolar está se dando em uma pluralidade de frentes e com uma pluralidade de atores. Frentes e atores inspirados em ideais libertadores e em pedagogias emancipatórias.

Referências

ARROYO, Miguel González. *Ofício de mestre – imagens e auto-imagens*. Petrópolis: Vozes, 2000.

ARROYO, Miguel González. *Imagens quebradas*. Petrópolis: Vozes, 2005.

GOMES, Nilma Lino. *Sem perder a raiz: corpo e cabelo como símbolos da identidade negra.*

Belo Horizonte: Autêntica, 2006.

GONÇALVES E SILVA, Petronilha Beatriz; BARBOSA, Lúcia Maria de Assunção. *O pensamento negro em educação no Brasil*. São Carlos: UFSCAR, 1997.

MUNANGA, Kabengele; GOMES, Nilma Lino. *Para entender o negro no Brasil de hoje*: histórias, realidades, problemas e caminhos. São Paulo: Global, 2005.

SANTOS, Boaventura de Sousa. *A gramática do tempo*: para uma nova cultura política. São Paulo: Cortez, 2006.

SANTOS, Boaventura de Sousa. Por uma pedagogia do conflito. In: SILVA, Luiz Heron *et al.* (Orgs.). *Novos mapas culturais, novas perspectivas educacionais*. Porto Alegre: Editora Sulina, 1996. p. 15-33.

Os autores

BOAVENTURA DE SOUSA SANTOS

Nascido em Coimbra, Portugal. Doutor em Sociologia do Direito pela Universidade de Yale (1973). Professor catedrático da Faculdade de Economia da Universidade de Coimbra e Distinguished Legal Scholar da Universidade de Wisconsin,Madison. Diretor do Centro de Estudos Sociais da Faculdade de Economia da Universidade de Coimbra. Diretor do Centro de Documentação 25 de Abril da mesma universidade. Prêmio de Ensaio Pen Club Português, 1994; Prêmio Gulbenkian de Ciência, 1996; Prêmio Bordalo da Imprensa – Ciências, 1997; Prêmio Jabuti (Brasil) Área de Ciências Humanas e Educação, 2001; Prêmio Euclides da Cunha da União Brasileira de Escritores do Rio de Janeiro, 2004; Prêmio Reconocimiento al Mérito, concedido pela Universidade Veracruzana, México, 2005; Prêmio de Ensaio Ezequiel Martínez Estrada 2006, da Casa de las Américas, Cuba, 2006. É autor de uma grandiosa obra na área das Ciências Sociais, dentre as quais destacamos alguns títulos: *A gramática do tempo: para uma nova cultura política*, Cortez, 2006; Coleção "Reinventar a Emancipação Social" publicada no Brasil pela Civilização Brasileira e com edições em Portugal, Itália, México e Inglaterra; *Democratizar a democracia: os caminhos da democracia participativa* (Org.), 2002; *Produzir para viver: os caminhos da produção não capitalista* (Org), 2002; *Reconhecer pra libertar: os caminhos do cosmopolitismo multicultural* (Org.), 2003; *Semear outras soluções: os caminhos da biodiversidade e dos conhecimentos rivais* (Org.), 2005; *Trabalhar o mundo: os caminhos do novo internacionalismo operário* (Org.), 2005; *A universidade do século XXI: para uma reforma democrática e emancipatória da universidade*. Cortez, 2004, publicado também na Argentina, no México, no Peru e em Cuba; *Democracia e participação: o caso do orçamento participativo em Porto Alegre*, Afrontamento, 2002, publicado na Espanha e no Equador; *Conhecimento prudente para uma vida decente: um discurso sobre as ciências revisitado*, Afrontamento, 2003 e Cortez, 2004; *Um discurso sobre as ciências*, Afrontamento, 1998 e Cortez, 2003; *A crítica da razão indolente: contra o desperdício da experiência*, Afrontamento, 2000 e Cortez, 2000, entre muitos outros.

INÊS REIS

É professora adjunta da Escola Superior de Educação de Coimbra e pesquisadora em Ciências da Educação. É formadora e especialista em Desenvolvimento Pessoal e Social, Formação Pedagógica de Formadoras/es e Educação para a os Direitos Humanos.

MARIA PAULA G. MENESES

Moçambicana, é investigadora do Centro de Estudos Sociais (Universidade de Coimbra) e Doutora em Antropologia pela Universidade de Rutgers (EUA). Anteriormente foi professora da Universidade Eduardo Mondlane (Moçambique). As suas áreas de investigação privilegiadas incluem Processos Identitários, Colonialismo e Pós-colonialismo, Autoridades tradicionais e Resolução de conflitos. Publicações mais recentes: "Traditional authorities in Mozambique: between Legitimization and Legitimacy". In: HINZ, M. (ed.). *The Shade of new leaves governance in traditional authorities. A Southern African perspective*. Berlin:

LIT, 2006, p. 93-119. "A questão da universidade pública em Moçambique e o desafio da pluralidade de saberes". In: SILVA, T. C.; ARAÚJO, M. G.; CARDOSO, C. (Orgs.), *Lusofonia em África: história, democracia e integração*. Dakar: CODESRIA, 2005. Em 2006, co-editou, juntamente com Boaventura de Sousa Santos e João Carlos Trindade o livro *Law and justice in a multicultural society: the case of mozambique*. Dakar: CODESRIA.

Marta Araújo

Doutora em Sociologia da Educação pelo Instituto de Educação da Universidade de Londres. É investigadora do Centro de Estudos Sociais da Universidade de Coimbra. Áreas de investigação: Racismos, Multiculturalismo, Políticas Educativas e Justiça Social, Processos de Seleção em Educação e Construção Social do Insucesso e Indisciplina Escolares. Dentre os vários trabalhos publicados destacam-se: ARAÚJO, M. "Modernising the comprehensive principle: selection, setting and the institutionalisation of failure", *British Journal of Sociology of Education*, 28 (2), p. 241-257, 2007; ARAÚJO, M.; PEREIRA, M. A. "Education, ethnicity and social justice: for an inclusive policy agenda in Portugal". In: RESENDE, J.; VIEIRA, M. M. (Eds.) *The School in the frontiers of modernity*. Cambridge: Cambridge Scholars Press, 2005. ARAÚJO, M. "Disruptive or disrupted: a qualitative study on the construction of indiscipline", *International Journal of Inclusive Education*, 9 (3), p. 241-268, 2005.

Miguel González Arroyo

Professor titular emérito da Faculdade de Educação da UFMG e ex-secretário municipal adjunto de Educação da Prefeitura Municipal de Belo Horizonte, Minas Gerais. Coordenador e implementador do Projeto Escola Plural, da Secretaria Municipal de Educação de Belo Horizonte (1993-1996). Acompanha propostas educativas em várias redes estaduais e municipais brasileiras. Tem-se dedicado à organização e produção de inúmeros artigos voltados para a reflexão pedagógica e prática docente. Publicou vários livros, entre eles: *Ofício de mestre, imagens e auto-imagens* (Vozes, 2000) e *Imagens quebradas* (Vozes, 2004).

Nilma Lino Gomes

Professora Adjunta da Faculdade de Educação da UFMG. Doutora em Antropologia Social pela USP e pós-doutora em Sociologia pela Faculdade de Economia da Universidade de Coimbra. Coordenadora do Programa Ações Afirmativas na UFMG e membro da equipe do Programa Observatório da Juventude da UFMG. Tem-se dedicado a estudos e pesquisas sobre relações raciais e educação, formação de professores para a diversidade étnico-racial e movimentos sociais. Dentre as suas publicações destacam-se: A *mulher negra que vi de perto* (Mazza, 1995), *Experiências étnico-culturais para a formação de professores*, em co-autoria com Petronilha Beatriz Gonçalves e Silva (Autêntica, 2004), *O negro no Brasil de hoje*, em co-autoria com Kabengele Munanga (Global/Ação Educativa, 2006) e *Sem perder a raiz: corpo e cabelo como símbolos da identidade negra* (Autêntica, 2006).

Teresa Cunha

Nasceu no Huambo em Angola. Estudou Filosofia, Ciências da Educação e Sociologia. É professora na Escola Superior de Educação de Coimbra, formadora senior do Conselho da Europa. É presidente da ONG Acção para a Justiça e Paz. Tem vários trabalhos publicados na área da Educação, Sociologia e dos Estudos para a Paz, dos quais se destacam: *Crónica da observação da coragem*; *Vozes das mulheres de Timor-Leste*; *Artº feminino: andar por outros caminhos*; *Sete mulheres de Timor - feto Timor Nain Hitu*. É doutoranda e pesquisadora do Centro de Estudos Sociais da Universidade de Coimbra, Portugal.

CONHEÇA OUTROS TÍTULOS DA
Coleção Cultura Negra e Identidades

- **Afirmando direitos – Acesso e permanência de jovens negros na universidade**
  Nilma Lino Gomes e Aracy Alves Martins
  As políticas de Ações Afirmativas, dentro das quais se insere o Programa Ações Afirmativas na UFMG, apresentado e discutido neste livro, exigem uma mudança de postura do Estado, da universidade e da sociedade de um modo geral para com a situação de desigualdade social e racial vivida historicamente pelo segmento negro da população brasileira. A concretização da igualdade racial e da justiça social precisa deixar de fazer parte somente do discurso da nossa sociedade e se tornar, de fato, em iniciativas reais e concretas, aqui e agora.

- **Afro-descendência em *Cadernos Negros* e *Jornal do MNU***
  Florentina da Silva Souza
  A escolha de uma produção textual que se define como negra, como objeto de estudo, evidencia a opção por lidar mais detidamente com uma outra parte da minha formação identitária, o afro, marcado pela cor da pele e pela necessidade de tornar patente a impossibilidade da transparência. Os textos de Sociologia, História, Antropologia, Estudos Culturais, Estudos Pós-coloniais e Black Studies se entrecruzam com debates, reflexões, aulas, seminários, leituras, discursos vários, dos quais me apropriei, atribuindo-lhes valores diferenciados uma apropriação que faz adaptações, realça o que se configura pertinente para o estudo dos periódicos, explorando as possibilidades de remoldar e trair ou abandonar idéias e conceitos que não s enquadrem nas nuances por mim escolhidas.

- **Bantos, malês e identidade negra**
  Nei Braz Lopes
  Este livro reúne elementos históricos sobre a formação do Brasil em seu caráter étnico, identitário e cultural e mostra ao leitor as contribuições dos Bantos nesse processo. Além disso, Nei Lopes estabelece novos parâmetros

sobre a relação entre islamismo e negritude. À guisa de seu envolvimento com a resistência cultural negra no Brasil e na África, apresenta ao leitor uma face da história ignorada por grande parte dos brasileiros. Sobre Nei Lopes, em *Épuras do social: como podem os intelectuais trabalhar para os pobres* (São Paulo: Global, 2004), escreveu o professor Joel Rufino dos Santos: [...] Nei é um híbrido que ironiza (no sentido socrático de contra-ideologia) suas duas metades. É um aglutinador de pobres negros suburbanos e intelectuais propriamente ditos.

- **Diversidade, espaço e relações étnico-raciais: o negro na Geografia do Brasil**
Renato Emerson dos Santos (Org.)

  A produção de uma imagem de território que remete exclusivamente à colonização pela imigração européia oculta a presença negra, apaga a escravidão da história da região e assim autoriza violências diversas. Como solução para esse entendimento fragmentado, os autores desta coletânea apresentam artigos que mostram as múltiplas possibilidades de formação do conhecimento que a Geografia permite ao contemplar o Brasil em sua totalidade e diversidade de povos. Para isso, acenam com a importância do ensino da Geografia, que tem imensa responsabilidade social porque informa às pessoas sobre o país em que elas vivem e ajudam a construir.

- **Experiência étnico-culturais para a formação da professores**
Nilma Lino Gomes e Petronilha Beatriz Gonçalves e Silva (Orgs.)

  Pesquisadores e pesquisadoras, nacionais e estrangeiros, projetam suas interpretações sobre uma questão que está no centro das atenções de grupos de militância, estudiosos, políticos: a diversidade étnico-cultural. Dirigido de maneira especial aos professores e à sua formação, este livro é indispensável para o debate sobre a educação e os processos de busca de identidade, nos quais estarão sempre presentes as tensões, os conflitos e as negociações entre os semelhantes e os diferentes.

- **O drama racial de crianças brasileiras – Socialização entre pares e preconceito**
Rita de Cássia Fazzi

  O tema central deste livro é o preconceito racial na infância. Entender como crianças, em suas relações entre si, constroem uma realidade preconceituosa é de fundamental importância para a compreensão da ordem racial desigual existente no Brasil. É este o objetivo deste trabalho: descobrir, em termos sociológicos, a teoria do preconceito racial, sugerida pela forma como as crianças observadas estão elaborando suas próprias experiências raciais. A conquista da igualdade racial passa pelo estudo dos mecanismos discriminatórios atuantes na sociedade brasileira.

- **Os filhos da África em Portugal – Antropologia, multiculturalidade e educação**
  Neusa Mari Mendes de Gusmão

  Ao eleger crianças e jovens africanos e luso-africanos como sujeitos do olhar, esse livro assumiu, como tema central, a condição étnica decorrente da origem e da cor. A mesma razão tornou significativo o desvendar das estratégias de sobrevivência dos indivíduos e grupos frente a crises, dificuldades e rupturas que vivenciam como comunidade ou como membro de um grupo particular, no interior do qual os mecanismos de convivência étnica e racial são elaborados e transformados pelo contato com a sociedade nacional em que se inserem.

- **O jogo das diferenças – O multiculturalismo e seus contextos**
  Luiz Alberto Oliveira Gonçalves e Petronilha Beatriz Gonçalves e Silva

  Este livro, de Luiz Alberto Oliveira Gonçalves e Petronilha B. Gonçalves e Silva, fala sobre o direito à diferença e busca compreender, na cena social, os diversos significados de multiculturalismo. Os autores observam conceitos como "discriminação", "preconceito" e "politicamente correto" e e constatam que as regras desse "jogo das diferenças" estão em constante mudança.

- **Rediscutindo a mestiçagem no Brasil – Identidade nacional *versus* Identidade negra**
  Kabengele Munanga

  É à luz do discurso pluralista ermegente (multiculturalismo, pluriculturalismo) que a presente obra recoloca em discussão os verdadeiros fundamentos da identidade nacional brasileira, convidando estudiosos da questão para rediscuti-la e melhor entender por que as chamadas minorias, que na realidade constituem maiorias silenciadas, não são capazer de contruir identidades políticas verdadeiramente mobilizadoras. Essa discussão não pode ser sustentada sem colocar no bojo da questão o ideal do branqueamento materializado pela mestiçagem e seus fantasmas.

- **Sem perder a raiz: corpo e cabelo como símbolos da identidade negra**
  Nilma Lino Gomes

  O cabelo é analisado na obra da Profa. Nilma Lino Gomes, não apenas como fazendo parte do corpo individual e biológico, mas, sobretudo, como corpo social e linguagem; como veículo de expressão e símbolo de resistência cultural. É nesta direção que ela interpreta a ação e as atividades desenvolvidas nos salões étnicos de Belo Horizonte a partir da manipulação do cabelo crespo, baseando-se nos penteados de origem étnica africana, recriados e reinterpretados, como formas de expressão estética e identitária negra. A conscientização sobre as possibilidades positivas do seu cabelo oferece uma notável contribuição no processo de reabilitação do corpo negro e na reversão das representações negativas presentes no imaginário herdado de uma cultura racista. (Kabengele Munanga – Prof. Titular do Departamento de Antropologia da USP.)

Qualquer livro do nosso catálogo não encontrado nas livrarias pode ser pedido por carta, fax, telefone ou pela Internet.

✉ Rua Aimorés, 981, 8° andar – Funcionários
Belo Horizonte-MG – CEP 30140-071

📱 Tel: (31) 3222 6819
Fax: (31) 3224 6087
Televendas (gratuito): 0800 2831322

@ vendas@autenticaeditora.com.br
www.autenticaeditora.com.br

Este livro foi composto com tipografia Times New Roman, e impresso em papel Off Set 75 g. na Del Rei Gráfica e Editora.